Über den Autor Albert Camus, am 7. November 1913 in kärglichen Verhältnissen als Sohn einer Spanierin und eines Elsässers in Mondovi, Algerien, geboren, studiert von 1933 bis 1936 an der Universität Algier Philosophie. 1934 tritt er der Kommunistischen Partei Algeriens bei und gründet im Jahr darauf das «Theater der Arbeit». 1937 bricht er mit der KP, beginnt bald danach journalistisch zu arbeiten und zieht im Jahr 1940 nach Paris. 1942 erscheinen mit seinem Roman «Der Fremde» und dem Essay «Der Mythos von Sisyphos» die Werke, die Camus' literarisches Ansehen begründen. In den Folgejahren arbeitet er als Journalist für die Widerstandszeitung «Combat», übernimmt schließlich deren Leitung. Ende 1943 beginnt er als Lektor bei Gallimard und lernt Jean-Paul Sartre kennen. Der 1947 erscheinende Roman «Die Pest» verschafft ihm den endgültigen Durchbruch als Schriftsteller, er kündigt als Chefredakteur bei «Combat». Anfang der fünfziger Jahre, nach Erscheinen seines großen Essays «Der Mensch in der Revolte», überwirft er sich mit Sartre, die beiden brechen ihre intensive Beziehung zueinander ab. 1957 wird Albert Camus der Nobelpreis für Literatur zuerkannt. Drei Jahre später, am 4. Januar 1960, stirbt er bei einem Autounfall. Postum erscheinen 1971 der Roman «Der glückliche Tod» (Rowohlt 1972) und 1994 «Der erste Mensch» (Rowohlt 1995), der das Interesse an Camus' Werk noch einmal neu entfacht.

Albert Camus **Reisetagebücher**

Herausgegeben und
mit einer Einführung von
Roger Quilliot

Deutsch von
Guido G. Meister

ro
ro
ro

Rowohlt

Die Originalausgabe erschien 1978
unter dem Titel «Journaux de voyage»
bei Éditions Gallimard, Paris
Umschlaggestaltung Walter Hellmann
(Foto: G + J Photonica / Barnaby Hall)

Neuausgabe
21.–29. Tausend Juli 1997

Veröffentlicht im Rowohlt Taschenbuch Verlag
GmbH, Reinbek bei Hamburg, Januar 1987

Satz Garamond (Linotronic 500)
Gesamtherstellung Clausen & Bosse, Leck
Printed in Germany
890-ISBN 3 499 22197 7

Inhalt

EINFÜHRUNG

Als wir vor einigen Jahren den zweiten Band der *Carnets* von Albert Camus veröffentlichten, standen wir vor zwei Problemen – einem grundsätzlichen und einem technischen.

Das Südamerika gewidmete Heft war nicht in die Reihe der anderen eingeordnet. Auch das Manuskript unterschied sich von den übrigen.* Es trug den Titel: *Reise nach Südamerika*. Offenbar war sich der Verfasser noch nicht darüber im klaren, was daraus werden sollte. Als er mir 1954 die Typoskripte jener *Carnets* anvertraute, befand sich das über die Reise nach Südamerika in einer gesonderten Mappe.

Schon eine flüchtige Untersuchung erbringt im übrigen den Beweis, daß es sich um einen Reisebericht handelt, aus dem jede nicht dazugehörende Reflexion verbannt ist. Ob Camus beabsichtigte, ihn zu erweitern zu einer ausführlicheren Reisebeschreibung? Wir haben keinen Beweis dafür. Aber alles deutet darauf hin, daß diese Reise und der Bericht darüber einen besonderen Platz in seinem Denken einnahmen.

In welcher Form konnten wir unter solchen Umständen und angesichts dessen, daß das Heft zu schmal war, um einen Band für sich zu bilden, den Text veröffentlichen?

* Es wird im Manuskript von Heft VI mit dem Hinweis «siehe Tagebuch Südamerika Juni bis August 1949» angekündigt.

Es erschien uns durchaus logisch, ihn mit dem Bericht über die Reise nach Nordamerika zusammenzustellen, der seinerseits in die chronologische Folge der Hefte eingereiht war.* Diese Eingliederung ist nur zu erklärlich, wenn man bedenkt, daß Camus außer einigen touristischen Eindrükken, die sich auf die Überfahrt über den Atlantik und die Entdeckung von New York beziehen, nur wenig über seine Begegnungen und Erlebnisse auf dieser Reise erzählt; wenig auch nur über die Vorträge, die er in New York und in Harvard hielt, und über die Reaktionen, die sie auslösten. Dagegen sind die in den Heften der Jahre 1945 und 1946 immer wieder erwähnten Dinge, die ihn beschäftigten, hier gegenwärtig, insbesondere *Die Pest*.

Wir beschlossen also, trotz ihrer Verschiedenheiten im Aufbau, diese beiden Hefte zu vereinen. Der Text wurde von Madame Camus und mir in gemeinsamer Lesung erarbeitet – durch Vergleich der verschiedenen Typoskripte und der Manuskripte, von denen eines – das Heft über die Reise in die USA – wie alle die ein Ganzes bildenden Hefte Madame Camus gehört und das andere Madame Maria Casarés, die es uns freundlicherweise zur Prüfung überließ.

Um allen überflüssigen Mutmaßungen vorzubeugen sei nochmals betont, daß diese Texte wie die vorhergehenden ohne die geringsten Kürzungen veröffentlicht werden. Die hier und da vorkommenden Initialen wurden vom Autor gewählt. Mit einer Ausnahme: Zweimal haben wir den Namen ein und derselben Person durch ein X ersetzt.

* Diese Aufzeichnungen fanden sich handschriftlich in Heft V, einem Schulheft wie die vorhergehenden. Der Text schließt sich unmittelbar auf der vor der Abreise begonnenen Seite an. In den beiden Typoskripten weist die Numerierung der Seiten keinerlei Unterbrechung auf. Unbestreitbar wurden diese Aufzeichnungen spontan niedergeschrieben und sind nicht bearbeitet worden.

Die beiden Hefte haben einen interessanten Aspekt gemeinsam: Sie zeigen uns, wie Camus von der skizzenhaften Aufzeichnung zum ausgefeilten Kunstwerk gelangte. Einigen Stellen aus dem Bericht über die Reise in die Vereinigten Staaten begegnen wir in *Les Pluies de New York* wieder; wichtige Abschnitte des Berichts über die Reise nach Südamerika wurden teils in *Das Meer (Heimkehr nach Tipasa)* oder, in noch beträchtlicherem Umfang, in *Der treibende Stein* aufgenommen: Zwei vom Autor selbst miterlebte Tanzszenen wurden zu einem der seltenen fremdartigen Texte verschmolzen, die Camus geschrieben bat; die ursprünglich rein folkloristischen Aufzeichnungen über die Fahrt nach Iguape und die Episode des treibenden Steins nehmen in der Novelle den Wert eines Symbols an. Wie immer man über diese Novelle denken mag, es gibt wenige so klare Beispiele für die Verwandlung, die eine nackte Begebenheit erfährt, ehe sie auf die Ebene des Mythos erhoben wird – und zwar eines bewußt optimistischen Mythos, den der Autor aus einer aufreibenden und deprimierenden Reise entwickelt hat.

Die Begleitumstände der beiden Reisen haben Camus' Reaktionen beeinflußt: Die am 10. März 1946 angetretene Reise in die Vereinigten Staaten ist gleichermaßen die Reise eines bekannten Journalisten wie die eines Schriftstellers, der den Höhepunkt seines Schaffens noch nicht erreicht hat. Daher das Mißtrauen der amerikanischen Fremdenpolizei, die ein Auge hat – und zwar ein finsteres – auf den Spiritus rector einer Tageszeitung, die stolz ihre Devise verkündet: *Von der Résistance zur Revolution*. Es ist verwunderlich, daß Camus uns nichts über die amerikanischen Universitäten sagt, die durchaus dazu angetan sind, den französischen Reisenden in Erstaunen zu setzen, nichts über die berühmteste, Harvard, die ihrerseits die Spur seines Besuchs in ihrem monatlichen Mitteilungsblatt bewahrt hat. Aus manchen der Aufzeichnungen lesen wir eine gewisse, bald bewundernde und bald mißbilligende Betroffenheit angesichts dieser in ihren Wolkenkratzern wie in ihrer gewaltigen Ausdehnung maßlosen Neuen Welt heraus; und eine unbestimmte Besorgnis angesichts dieser kolossalen Macht und dessen, was sie an expansionistischen Tendenzen impliziert. Die Zeit ist nicht fern, da Camus sich beharrlich weigern wird, zwischen den zwei feindlichen Blöcken, die im Osten und im Westen entstehen und deren einer Grundpfeiler die USA sind, zu wählen. Allerdings vertraute er gleich nach seiner Rückkehr seinem ehemaligen Grundschullehrer Monsieur Germain an: «Meine Reise nach Amerika hat mich vieles gelehrt, was im einzelnen hier aufzuführen zu umständlich wäre. Es ist ein großes, starkes und in seiner Freiheit diszipliniertes Land, das jedoch von vielen Dingen und vor allem von Europa nicht viel Ahnung hat.»

Mit der Reise nach Südamerika hat es eine andere Bewandtnis: Camus unternimmt sie in einer prekären Verfassung; aber erst nach und nach ahnt er, daß es sich um einen neuen Anfall von Schwindsucht handelt. In diesem Sinne ist seine Reisebeschreibung auch die der wiederentdeckten Krankheit, die *La Mer au plus près* ihren Stempel aufprägen sollte. Er entfernt sich nicht ohne Schmerzen von den Menschen, die ihm lieb sind; daher die Nervosität, mit der er auf die Verzögerungen der Post reagiert. Und schließlich ist es seine erste offizielle Reise als Star: Das soll ihm nie wieder passieren (tatsächlich wird er später Vorträge in Italien und in Griechenland halten); gelegentlich vergnügt er sich, aber meistens ist er verärgert über die vielfältigen Verpflichtungen, die mit solchen Reisen verbunden sind: die verschiedenen und oft enttäuschenden Begegnungen, die unterschiedliche Art der Gastgeber und der Empfänge; alles ist geeignet, einen Menschen zu irritieren, der alles Mondäne verabscheut und sich dennoch darüber im klaren ist, daß er in dem

Augenblick, in dem er sich zu dieser Reise bereit fand, auch die Zwänge akzeptiert hat. So sehen wir, wie er sich aus freien Stücken und im Grunde doch nur widerwillig einem überladenen und nicht immer interessanten Programm unterwirft.

Alles in allem sind diese Seiten von einer Krise gezeichnet, die der Umstand, daß er schon auf dem Schiff Vigny liest, nur bestätigt: eine physische Krise, zu deren Überwindung Camus viele Monate brauchen wird; eine Krise der Gefühle und der inneren Verfassung, die sich in der Obsession des Selbstmords wie in einem überspitzten Gefühl des Verbanntseins äußert; von daher zieht auch *Der treibende Stein* seine Kraft aus dieser Reise.

So reagiert Camus auch besonders empfindlich auf die heftigen Gegensätze, die diese amerikanischen Länder dem Europäer bieten: Schaustellung von Reichtümern neben der äußersten Armut; erlesene Kultur und Barbarei, manchmal bei ein und derselben Person. Ganz zu schweigen von dem ungeheuren Problem, das für jeden klarsichtigen Beobachter die Übervölkerung in diesen Ländern und insbesondere in den großen Städten darstellt! Camus entdeckt nicht ohne Unbehagen das, was man damals die Dritte Welt zu nennen begann. Und ohne Zweifel leidet er darunter, sie nur in jenem Wirbel zu erleben, wo Flüge und gesellschaftliche Verpflichtungen einander abwechseln.

Zwei große Reisen im Abstand von drei Jahren. In den darauffolgenden zwölf Jahren wird Camus sich nur noch selten bereit finden, im Ausland Vorträge zu halten: Er lehnt sogar eine «goldene Brücke» nach Japan ab. Der Pflicht gehorchend, läßt er die Nobelpreis-Feierlichkeiten in Stockholm über sich ergehen. Und auch das erst auf Drängen Roger Martin du Gards und seiner Verleger.

Es ist paradox, daß Camus, der als junger Mann mit beschränkten Mitteln frei durch ganz Europa gereist war, nach 1949, auf der Höhe seines Ruhms, die Reisen scheute, die im Leben seiner Schriftstellerkollegen im allgemeinen eine so große Rolle spielen.

Roger Quilliot

VEREINIGTE STAATEN

März bis Mai 1946

Amerika. Abreise. Die leise Bangigkeit, die jeder Abreise anhaftet, ist vergangen. Im Zug treffe ich R. wieder, den Psychiater, der nach drüben fährt, um Verbindungen zu knüpfen. Ich weiß, daß wir auf dem Schiff die gleiche Kabine haben werden, und das ist mir nicht unangenehm, weil ich ihn klug und sympathisch finde. In meinem Abteil befinden sich drei bei der Abfahrt ziemlich ausgelassene Kinder, die sich jedoch später beruhigen, ihr junges Kindermädchen, ihre Mutter, eine große, elegante Frau mit hellen Augen, und eine kleine blonde Person, die mir gegenübersitzt und weint. Eine ereignislose Reise, mit einer Ausnahme. Ich erweise der jungen blonden Frau ein paar kleine Gefälligkeiten. Vor Rouen wendet sich eine stattliche Frau in einem langen Tierpelz mit erstauntem Gesicht an mich und fragt, ob alle Leute in diesem Wagen nach Amerika fahren. Ob ich hinfahre. «Ja.» Sie bittet um Entschuldigung und fragt, ob sie mich fragen darf, was ich dort drüben vorhabe. «Vorträge halten.» – «Literarische oder wissenschaftliche?» – «Literarische.» Sie stößt einen regelrechten theatralischen Schrei aus und hält dabei rasch die Hand vor den Mund. «Oh!» sagt sie, «wie wunderbar.» Und zwei Sekunden später fügt sie mit niedergeschlagenen Augen hinzu: «Ich bin nämlich auch literarisch tätig.» – «Ah!» sage ich. – «Ja, ich veröffentliche demnächst einen Gedichtband.» – «Fein», sage ich. – «Ja, ich habe ein Vorwort von Rosemonde Gérard bekommen.

Sie hat mir ein sehr schönes Sonett gedichtet.» – «Bravo.» – «Oh, es ist natürlich mein erstes Buch! Aber mit einem Vorwort von Rosemonde Gérard debütieren...» – «In welchem Verlag?» Sie nennt mir einen Verleger, dessen Namen ich noch nie gehört habe. Sie erklärt mir, daß sie reguläre Verse schreibe, «weil ich eher zum klassischen Genre neige. Das Moderne, also, ich weiß nicht, wie Sie darüber denken..., aber ich mag nicht, was ich nicht verstehe», etc., etc. Sie steigt in Rouen aus und bietet mir an, ein Telegramm aufzugeben, das ich nach Paris schicken möchte, weil ich R.s Adresse in New York vergessen habe. Sie hat es nicht aufgegeben, denn ich habe keine Antwort erhalten.

Im Speisewagen treffe ich wieder mit R. zusammen, und wir essen gemeinsam zu Mittag; uns gegenüber sitzt die kleine blonde Person, die es nicht fertigbringt, ihre Nüsse aufzuknacken. In Le Havre ruft die kleine Person, die völlig verloren wirkt, mich zu Hilfe. Während wir auf den Bus warten, unterhalten wir uns ein wenig. Sie geht nach Philadelphia. Der Bus ist ein ehemaliger Gefangenenwagen, schmutzig und verstaubt. Le Havre mit riesigen Schutthalden. Die Luft ist feuchtwarm. Als wir vor der *Oregon* halten, stelle ich fest, daß es ein Frachter ist, ein großer Frachter, aber ein Frachter. Zoll, Geldwechsel, Paßkontrolle mit dem kleinen Zettelkasten, den ein Polizist zu Rate zieht, wenn man seinen Namen nennt – und der mir wohlbekannt ist, weil er mir während der Besatzung ein paar Schauer über den Rücken gejagt hat. Und dann an Bord.

Die Viererkabine mit Dusche und WC ist zur Fünferkabine geworden, in der man nicht einmal niesen kann, ohne etwas umzuwerfen. Man bittet uns, in den Speisesaal zu kommen, um den Maître d'hôtel kennenzulernen. Oder vielmehr in Wirklichkeit, um einer Szene aus einer Komödie beizuwohnen. Der Maître d'hôtel erinnert an Franzosen, wie man sie in amerikanischen Filmen sieht, und leidet überdies an Ticks, die ihn zahlreiche Blicke nach rechts und links austeilen lassen. Er bemüht sich, harmonische Tischgesellschaften zusammenzustellen, und verfügt zu diesem Zweck wie eine gute Hausfrau über einen Plan und den Titel einiger Passagiere, die besonders empfohlen sind. Natürlich will er mich mit einem Journalisten[1] zusammensetzen, der sich an Bord befindet. Aber ich weigere mich energisch und finde mich schließlich in der Gesellschaft von R. und der kleinen blonden Person, die – o Wunder – Jeanne Lorette[2] heißt. Sie ist eine kleine Pariserin, die in einer Parfümerie beschäftigt war und heute morgen weinte, weil sie von ihrer Zwillingsschwester Abschied genommen hatte, die ihr ein und alles ist, aber sie fährt nach Philadelphia zu einem Amerikaner, den sie heiraten wird. R. ist hingerissen von der natürlichen Art, der Klugheit und der Freundlichkeit dieser Lorette. Ich nicht minder. Etwas weniger hingerissen sind wir von der Kabine. Das zusätzliche Bett in der Mitte ist von einem siebzigjährigen Greis belegt. Die Koje über der meinen gehört einem Menschen mittleren Alters, von dem ich annehme, daß er Geschäftsmann ist. Über R. befindet sich ein Vizekonsul, der nach Shanghai fährt und der einen offenen und lauten Eindruck macht. Wir richten uns ein, und ich beschließe, mich an die Arbeit zu machen.

Beim Abendessen sitze ich wieder mit R., Lorette, der großen Frau aus dem Abteil (sie ist gar nicht so groß – sondern schlank und elegant) und einem mexikanischen Ehepaar, «das in Geschäften tätig ist», zusammen. Die beiden Frauen scheinen unsere Lorette mit einem gewissen Mißtrauen zu betrachten. Aber da sie sich einfach nur ganz natürlich benimmt, ist sie am Ende die vornehmste. Sie erzählt uns, daß ihre Schwiegermutter ihr, ohne sie zu kennen, die nettesten Briefe schreibt und daß die Schwiegermütter in Amerika von ganz vorzüglicher Art zu sein scheinen. Ihr Verlobter ist ein sehr gläubiger Mann, er trinkt nicht und raucht nicht. Er hat sie gebeten, vor ihrer

Abreise noch zu beichten. Am Morgen der Abreise (die Tage davor waren mit Vorbereitungen ausgefüllt) ist sie um sechs Uhr aufgestanden, um in die Kirche zu gehen, die jedoch geschlossen war, und der Zug fuhr schon früh. Sie wird also erst drüben beichten; und mit ihrem leicht pariserischen Tonfall (sie spricht im übrigen sehr undeutlich und sehr schnell, und man muß den Kopf vorbeugen, um zu verstehen, was sie sagt) fügt sie hinzu: «Das ist mir sogar lieber, denn der Priester da drüben wird nicht richtig verstehen, was ich ihm sage, und so wird er mir die Absolution erteilen.» Wir erklären ihr, daß in solchen Fällen die Absolution immer erteilt wird. «Sogar für Todsünden.» Aber natürlich, sagt R. überzeugt. Und wir machen sie darauf aufmerksam, daß sicher ein Geistlicher an Bord ist.

Nach dem Abendessen kommen R. und ich zu dem Schluß, daß diese reizende Lorette ihre Besorgnisse zu beschwichtigen sucht, indem sie anderen und somit auch sich selbst ein tröstliches Bild von ihrer Lage entwirft – die ja durchaus tröstlich sein mag, aber darum geht es gar nicht. Auf jeden Fall sind wir uns auch darüber einig, daß wir diesem drolligen Persönchen alles Glück wünschen, das es verdient. Das Zubettgehen ist mühsamer. Man kommt sich vor wie in einem Schlafsaal. Zwei Schnarcher sind dabei, der Alte und der Geschäftsmann. Außerdem hatten R. und ich die Luke aufgemacht, aber der Greis macht sie mitten in der Nacht wieder zu. Ich habe das Gefühl, den Atem der anderen einzuatmen, und mich überkommt das wilde Verlangen, mich an Deck schlafen zu legen. Nur der Gedanke an die Kälte hält mich davon ab. Wecken um 7 Uhr 30, weil nur bis um halb neun gefrühstückt werden kann. Vormittags Arbeit. Um 12 Uhr 15 Mittagessen. Der Mexikaner erzählt mir, daß er in Mexiko französische Parfumfabriken vertritt, und singt mir das Lob der französischen Erzeugnisse. Die schönen hellen Augen, die sich mir gegenüber befinden, verlieren ein wenig von ihrem Stolz, und es wird deutlich, daß in ihrem

Fall viel Schüchternheit im Spiel war. Lorette versichert uns, sie werde nie zulassen, daß man in ihrer Familie schlecht von Frankreich spricht. Sie entwirft uns ein bemerkenswert kluges Porträt der Bewohner von Antwerpen. (Wenn sie ihrer Frau Schmuck kaufen, erwerben sie einen ungeschliffenen Diamanten, niemals einen fertigen Ring. So verfügen sie über Kapital. Und Pelzmäntel. Kurz, sichere Werte.)

Am Nachmittag unterhalten wir uns mit dem Vizekonsul. Ich erfahre, ohne sonderlich überrascht zu sein, daß er aus Oran stammt. Und natürlich klopfen wir uns kräftig auf die Schulter. Er ist in den unwahrscheinlichsten Ländern gewesen, unter anderem in Bolivien, wovon er mir sehr interessant erzählt. La Paz liegt viertausend Meter hoch. Die Autos verlieren dort vierzig Prozent ihrer Kraft, die Tennisbälle fliegen kaum über das Netz, und die Pferde springen nur über kurze Hindernisse. Um durchzuhalten, hat er Knoblauch gegessen. Seine Frau, eine geistreiche Polin, erzählt R. Zaubergeschichten. 15 Uhr. Abfahrt. Das Meer ist ruhig. Die Frau eines Matrosen, die Trauer trägt, läuft unbeholfen die Mole entlang und begleitet das Schiff mit Abschiedsgesten. Das letzte Bild von Frankreich ist der Anblick zerstörter Häuser am äußersten Rand dieser verwundeten Erde.

An die Arbeit. Beim Abendessen erzählt der Mexikaner Geschichten vom Zoll. Nur eine ist interessant: die Geschichte von einem Amerikaner, dem in Mexiko nach einem Unfall ein Bein amputiert wurde und der sein verstorbenes Bein in einem gläsernen Behälter mit nach Hause nehmen wollte. Drei Tage lang wurde diskutiert, ob dieser Gegenstand nicht in eine Kategorie fiel, die einer Vorschrift zum Schutz gegen Epidemien unterlag. Aber da der Amerikaner erklärt hatte, er werde sich nicht von seinem Bein trennen und eher in Mexiko bleiben, wollten die Vereinigten Staaten dann doch nicht auf einen ehrenwerten Bürger verzichten. Die Lorette hustet viel und fürchtet sich vor der Seekrankheit. R. will sie mit einer Autosuggestionsmethode davon kurieren. Und er tut es sehr geschickt. Nach dem Abendessen trinke ich ein Glas mit Madame D., der großen Frau mit den hellen Augen. Ihr Mann ist an der Botschaft in Washington.

Dienstag, 10 Uhr. Die Nacht war gut, wenn auch kurz. Heute morgen regnet es, und das Meer wird stürmisch. Die Bar ist beinahe leer. Ich kann in Ruhe arbeiten. Der Atlantik hat eine Farbe, die an Taubenflügel erinnert. Ich lege mich vor dem Mittagessen ein wenig hin, weil ich ein komisches Gefühl im Magen habe, und ich schlafe ein, um eine halbe Stunde später frisch und munter aufzuwachen. Beim Mittagessen fehlen Leute. Unsere Lorette verläßt ihr Bett den ganzen Tag nicht. Die Mexikaner verlassen den Tisch, ehe die Mahlzeit zu Ende ist. Madame D., R. und ich plaudern freundschaftlich. Aber R., dem nicht ganz wohl ist, will sich hinlegen. Obwohl ich gut in Form bin, folge ich seinem Beispiel. Mein Kopf ist zu müde, als daß ich arbeiten könnte. Aber ich lese *Krieg und Frieden*. Wie hätte ich Natascha geliebt!

Danach hat der Tag sich zäh und einförmig dahingeschleppt. Nach dem Abendessen hält der Pelzhändler X mir einen Vortrag über die Weisheit der Orientalen. Das ist die Art Konversation, die ich nie länger als fünf Minuten habe ertragen können. Ich gehe zu Bett, um zu Natascha Rostow zurückzukehren.

Mittwoch. Ich stehe auf mit Fieber und einer beginnenden Angina. Aber trotz des aufgewühlten Meers eine schöne Sonne. Ich liege den ganzen Vormittag in der Sonne. Am Nachmittag Englisch mit R. an Deck und Cocktail beim Kapitän mit Madame D. Nach dem Abendessen erzählt R. von seinen Erinnerungen als Arzt. Dachau. Der Haufen der Sterbenden, deren Durchfall vom einen auf den andern läuft.

Donnerstag. Ein scheußlicher Tag mit dem Frösteln der Grippe. Am Abend läßt ein Glas Champagner mit R. und Madame D. mich wieder aufleben. Aber der Kopf ist leer. Trotzdem etwas Englisch am Nachmittag.

Freitag. Die Grippe läßt nach. Aber das Leben ist unverändert eintönig. Am Vormittag arbeite ich ein wenig. Die See geht immer noch hoch. Am Nachmittag empfangen der Konsul (Dahoui) und ich Madame D. und L. in unserer Kabine. Angenehmes Geplauder. Der Konsul erzählt (mit algerischer Beredsamkeit) die Geschichte des kleinen Vizekonsuls von Adrianopel, dem es nicht gelingen wollte, dem Konsul seinen Antrittsbesuch abzustatten, weil vier Orang-Utans sich angebunden im Vorzimmer des Konsuls befanden. Schließlich faßt er sich ein Herz, aber er verbringt seine Tage in diesem Konsulat in ständiger Angst. Am Ende, nachdem der Konsul ihm verkündet hat, daß eines der Tiere eingegangen sei, weil es eine Schachtel Streichhölzer gefressen habe, bringt er jeden Tag eine mit und gibt sie liebevoll einem der Affen, bis der Tod eintritt. Als alle Tiere unter der Erde sind, atmet er auf.

Und auch die klassische Geschichte von den dreißigjährigen Konsuln in Dschidda[3] und anderen Städten, die sich dem Trunk ergeben und (für mich) in der Einsamkeit sterben.

Am Abend, nach dem Essen, gehe ich, da wir die Azoren passieren sollen, an Deck und kann in einem vor dem starken Wind, der seit unserer Abreise bläst, geschützten Winkel eine reine Nacht genießen, in der vereinzelte, aber sehr große Sterne ein und derselben geradlinigen Bahn folgend über dem Schiff dahinziehen. Ein dünner Mond verleiht dem Himmel ein glanzloses Licht, das die turbulente See mit einem gleichmäßigen Schimmer erhellt. Und wieder einmal betrachte ich, wie ich es seit Jahren tue, die von Schaum und Kielwasser an der Oberfläche der Wasser gebildeten Zeichnungen, diese unablässig entstehenden und vergehenden Spitzen, diesen flüssigen Marmor... und wieder einmal suche ich den treffenden Vergleich, der es mir erlaubte, für mich selbst ein wenig dieses wunderbare Aufbrechen von Meer, Wasser und Licht festzuhalten, das sich mir seit so langer Zeit immer wieder entzieht. Wieder vergeblich. Für mich ist es ein Symbol, das dauert.

Freitag, Samstag, Sonntag. Das gleiche Programm. Der Seegang ist nach wie vor hoch, wir drehen nach Süden und lassen die Azoren hinter uns. Diese Gesellschaft im kleinen ist zugleich hochinteressant und eintönig. Alle halten sich etwas zugute auf ihre Eleganz und ihre Lebensart. Es erinnert an abgerichtete Hunde. Aber einige gehen aus sich heraus. Der Pelzhändler X ist auf dem Schiff. So erfahren wir, daß er ein wunderbares Tafelservice aus Porzellan besitzt, ein großartiges Silberbesteck und so weiter, daß aber nur Kopien davon in Gebrauch sind, die er hat anfertigen lassen, während die Originale unter Verschluß liegen. Mir scheint, auch seine Frau ist eine Kopie, mit der es für ihn nie etwas anderes als eine Kopie von Liebe gegeben hat.

Drei oder vier Passagiere reisen ganz offenkundig in die USA, um Kapital zu exportieren. Ich lasse mir sogar den an sich ganz schlauen Trick erklären. «Sehen Sie», sagt einer, «ich mache ja nichts gegen den Staat. Seine Absichten sind gut, aber er versteht nichts von Geschäften.» Sie dagegen kennen sich in Geschäften aus. R., der stets liebenswürdige Gefährte, und ich sind uns darüber einig, daß das Geld gegenwärtig das einzige Problem ist. Deckskerle, von Habgier und Unvermögen verdorben. Zum Glück können wir uns der Gesellschaft von Frauen erfreuen. Das ist die Wahrheit und die Erde. Madame D. wird immer reizender. L. ebenfalls.

Montag. Ein herrlicher Tag. Der Wind hat sich gelegt. Zum erstenmal ist die See ruhig. Die Passagiere streben hinauf, an Deck, wie Pilze nach dem Regen. Man atmet mit Wohlbehagen. Am Abend bietet die Sonne ein wunderbares Schauspiel. Nach dem Essen Mondschein über dem Meer. Madame D. und ich sind beide der Meinung, daß die meisten Menschen nicht das Leben führen, das sie gern führen würden, und daß da Feigheit im Spiel ist.

Sonntag. Man teilt uns mit, daß wir am Abend ankommen werden. Die Woche ist mit schwindelerregender Schnelligkeit verflogen. Am Dienstagabend, dem 21., beschließt unser Tisch, den Frühling zu feiern. Alkohol bis vier Uhr früh. Am nächsten Tag das gleiche. Achtundvierzig Stunden angenehmer Euphorie, in der alle Beziehungen sich überstürzen. Madame D. ist mitten in der Revolte gegen ihr Milieu. L. gesteht mir, daß sie eine Vernunftehe eingehen wird. Am Samstag haben wir den Golfstrom verlassen, und die Temperatur wird merklich kühler. Indessen vergeht die Zeit sehr schnell, und letzten Endes habe ich es gar nicht so eilig, anzukommen. Ich habe meinen Vortrag fertig ausgearbeitet. Und in der übrigen Zeit betrachte ich das Meer und unterhalte mich vor allem mit R., der wirklich intelligent ist – und natürlich mit Madame D. und L.

Heute um 12 Uhr kommt Land in Sicht. Seit dem Morgen flogen die Möwen über das Schiff und schienen regungslos über den Decks zu schweben. Coney Island, das aussieht wie die Porte d'Orléans, taucht zuerst auf. «Das ist Saint-Denis oder Gennevilliers*», sagt L. Und das stimmt genau. In der Kälte, mit dem grauen Wind und dem ausdruckslosen Himmel wirkt das alles recht demoralisierend. Wir ankern in der Hudson-Bucht und werden erst morgen früh an Land gehen. In der Ferne die Wolkenkratzer von Manhattan vor einem dunstigen Hintergrund.

* Industrievororte von Paris. (Anm. d. Übers.)

Mein Herz ist ruhig und kalt, wie es mir immer bei Schauspielen ergeht, die mich nicht berühren.

Montag. Am Vorabend sehr spät zu Bett gegangen. Sehr früh aufgestanden. Wir fahren den Hafen von New York hinauf. Beeindruckendes Schauspiel, trotz oder wegen des Nebels. Die Ordnung, die Kraft, die wirtschaftliche Macht – hier herrscht sie. Das Herz zittert vor so viel bewundernswerter Unmenschlichkeit.

Ich verlasse das Schiff erst um 11 Uhr, nach langen Formalitäten, bei denen ich als einziger von allen Passagieren als Verdächtiger behandelt werde. Der Einwanderungsbeamte entschuldigt sich zum Schluß, mich so lange aufgehalten zu haben.[4] «Ich war dazu verpflichtet, aber ich kann Ihnen nicht sagen, weshalb.» Geheimnisvoll – aber nach fünf Jahren Besatzung!

Von C., E. und einem Abgesandten des Konsulats empfangen. C. unverändert. E. desgleichen. Aber in all dem Trubel vollzieht sich der Abschied von L., Madame D. und R. zu schnell und zu kühl.

Müde. Meine Grippe macht mir wieder zu schaffen. Und so empfange ich mit schlotternden Beinen den ersten Schlag von New York. Auf den ersten Blick eine abscheuliche, unmenschliche Stadt. Aber ich weiß, daß man seine Meinung ändert. Was mich beeindruckt sind Einzelheiten: daß die Männer von der Müllabfuhr Handschuhe tragen, daß der Verkehr diszipliniert ist, ohne Verkehrspolizisten an den Kreuzungen, etc., daß in diesem Land kein Mensch je Kleingeld hat und daß alle so aussehen, als stammten sie aus einer Filmserie. Als ich am Abend, müde und fiebernd, im Taxi den Broadway entlangfahre, bin ich buchstäblich betäubt von diesem Jahrmarkt des Lichts. Ich habe fünf Jahre Nacht hinter mir, und diese Orgie greller Lichter vermittelt mir zum erstenmal den Eindruck eines neuen Kontinents. (Eine riesige, fünfzehn Meter hohe Reklame für *Camel*: Dem weit geöffneten Mund eines G. I. entweichen mächtige Wolken *echten* Rauchs. Das Ganze ist gelb und rot.) Krank am Herzen wie am Leib lege ich mich nieder und weiß doch genau, daß ich in zwei Tagen meine Meinung geändert haben werde.

Dienstag. Mit Fieber aufgestanden. Unfähig, vor Mittag auszugehen. Als E. kommt, fühle ich mich ein wenig besser, ich gehe mit ihm und D., einem Publizisten ungarischer Abstammung, zum Mittagessen in ein französisches Restaurant. Ich stelle fest, daß ich die *sky-scrapers* gar nicht beachtet habe, sie sind mir ganz natürlich vorgekommen. Es ist eine Frage der allgemeinen Proportionen. Und außerdem kann man auch nicht die ganze Zeit mit erhobenem Kopf herumlaufen. So hat man nur eine verhältnismäßig vernünftige Zahl von Stockwerken im Blickfeld. Herrliche Lebensmittelgeschäfte. Genug, um ganz Europa bis zum Platzen zu überfüttern. Ich bewundere die Frauen in den Straßen, die Farben der Kleider, die der Taxis, die alle wie rote, gelbe und grüne Insekten im Sonntagsstaat aussehen. Was die Krawattengeschäfte angeht, *so* muß man sie gesehen haben, um das zu glauben! So viel schlechter Geschmack scheint fast unvorstellbar. D. versichert mir, die Amerikaner hätten nichts für Ideen übrig. So sagt man. Ich bin da mißtrauisch.

Um 3 Uhr besuche ich Régine Junier. Eine bewundernswerte alte Jungfer, die mir alle ihre Reichtümer schickt, weil ihr Vater mit 27 Jahren an Schwindsucht gestorben ist, und somit... Sie lebt in zwei Zimmern inmitten einer Unmenge von Hüten, die sie selbst anfertigt und die ausnehmend häßlich sind. Aber nichts ersetzt dieses großzügige, aufmerksame Herz, das sie in jedem ihrer Worte offenbart. Ich verlasse sie, von Fieber verzehrt und unfähig, etwas anderes zu tun, als mich zu Bett zu legen. Schade um die Verabredungen. – Der Geruch von New York – ein Eisen- und Betongeruch – das Eisen herrscht vor.

Abendessen mit L. M. im *Rubens*. Er erzählt mir die

Geschichte seiner Sekretärin, eine richtige «American Tragedy». Mit einem Mann verheiratet, von dem sie zwei Kinder hat; ihre Mutter und sie entdecken nach Jahren, daß der Ehemann Päderast ist. Trennung. Die Mutter, eine puritanische Protestantin, bearbeitet ihre Tochter monatelang und redet ihr ein, daß ihre Kinder aus der Art schlagen werden. Schließlich erstickt die Idiotin das eine und erwürgt das andere. Sie wird für unzurechnungsfähig erklärt und freigelassen. L. M. setzt mir seine persönliche Theorie über die Amerikaner auseinander. Es ist die fünfzehnte, die ich zu hören bekomme.

An der Ecke der East 1st Street eine kleine Kneipe, wo das Gebrüll einer Musicbox alle Gespräche übertönt. Um fünf Minuten Stille zu haben, muß man fünf Cents einwerfen.

Mittwoch. Heute morgen fühle ich mich etwas besser. Besuch von Liebling, vom *New Yorker*, ein reizender Mann. Chiaromonte[5], dann Rube. Die beiden letzteren und ich essen in einem französischen Restaurant zu Mittag. Ch. spricht meiner Meinung nach über Amerika wie niemand sonst. Ich bringe das Gespräch auf die *Funeral Homes*. Er erklärt mir, wie sie funktionieren. Eine Art, ein Land kennenzulernen, besteht darin, in Erfahrung zu bringen, wie man dort stirbt. Hier ist für alles vorgesorgt. «*You die and we do the rest*», heißt es auf den Reklameplakaten. Die Friedhöfe sind Privatbesitz: «Beeilen Sie sich, lassen Sie sich Ihren Platz reservieren.» Alles wird von dem Bestattungsunternehmer besorgt, der Transport, die Trauerfeierlichkeiten und so weiter. Wer tot ist, hat ausgespielt. – Bei Gilson, Rundfunk. Dann bei mir mit Vercors, Thimerais und O'Brien[6]. Der morgige Vortrag. Um 6 Uhr ein Glas mit Gral im *Saint-Regis*. Ich gehe zu Fuß über den Broadway zurück, verloren inmitten der Menge und der riesigen Lichtreklamen. Ja, es gibt eine amerikanische Tragik. Sie bedrückt mich, seit ich hier bin, aber ich weiß noch nicht, woraus sie besteht.

In der Bowery Street, der Straße mit Geschäften für die Neuvermählten – über fünfhundert Meter hin! Ich esse allein in dem Restaurant zu Abend, in dem wir mittags waren. Und ich kehre zurück, um zu schreiben.

Die Negerfrage. Wir haben einen Mann aus Martinique mit offiziellem Auftrag hierhergeschickt. Man hat ihn in Harlem untergebracht. Seinen französischen Kollegen gegenüber nimmt er zum erstenmal wahr, daß er einer anderen Rasse angehört.

Umgekehrte Beobachtung: Vor mir im Bus steht ein Durchschnittsamerikaner auf, um einer schwarzen alten Frau seinen Platz zu überlassen.

Eindruck in Strömen ausgegossenen Reichtums. Die Inflation ist da, sagt mir ein Amerikaner.

Donnerstag. Der Tag ist damit vergangen, daß ich meinen Vortrag diktierte. Am Abend ein bißchen Lampenfieber, aber ich rede, ohne zu stocken, und das Publikum «geht mit». Aber während ich spreche, wird die Kasse gestohlen, deren Inhalt für die französischen Kinder bestimmt ist. O'Brien teilt den Vorfall nach dem Vortrag mit, und ein Zuhörer steht auf und schlägt vor, jeder solle am Ausgang noch einmal den gleichen Betrag geben, den er bei seinem Kommen gespendet hat. Im Hinausgehen geben alle Leute sehr viel mehr, und der Ertrag ist beachtlich. Typisch für die amerikanische Großzügigkeit. Ihre Gastfreundschaft, ihre Herzlichkeit sind von derselben Art, unmittelbar und ungekünstelt. Das gehört zu ihren besten Eigenschaften.

Ihre Vorliebe für Tiere. Ein Tiergeschäft von mehreren Stockwerken: die Kanarienvögel im ersten und im obersten die großen Affen. Vor ein paar Jahren ist in der Fifth Avenue ein Mann angehalten worden, der eine Giraffe auf einem Lastwagen spazierenfuhr. Er erklärte, seine Giraffe habe in dem Vorort, wo er sie halte, nicht genügend frische

Luft, und so sei er auf diese Lösung verfallen, um sie ein wenig auszulüften. Im Central Park läßt eine Dame eine Gazelle äsen. Vor Gericht erklärt sie, diese Gazelle sei eine Person. «Aber sie kann doch nicht sprechen», sagt der Richter. «Doch, die Sprache der Güte.» Fünf Dollar Strafe. Andererseits ein drei Kilometer langer Tunnel unter dem Hudson hindurch und der phantastische Viadukt von New Jersey.

Nach dem Vortrag ein Glas mit Schiffrin[7], Dolorès Vanetti, die das reinste Argot spricht, das ich je gehört habe, und anderen Leuten. Madame Schiffrin fragt mich, ob ich nicht Schauspieler gewesen sei.

Freitag. Knopf[8]. 11 Uhr. Die große Welt. Um 12 Broadcasting. Gilson ist ein netter Kerl. Wir wollen uns gemeinsam die Bowery ansehen. Mittagessen mit Rube und J. de Lannux, der uns anschließend im Auto durch New York fährt. Schöner blauer Himmel, der mir den Gedanken aufdrängt, daß wir uns auf dem gleichen Breitengrad befinden wie Lissabon, was ich mir nur schwer vorstellen kann. Im Takt des Verkehrs kreisen und drehen sich die goldenen Wolkenkratzer in dem Blau über unseren Köpfen. Ein schöner Augenblick.

Wir fahren zum Tyron Park, oberhalb von Harlem, von wo aus wir auf der einen Seite die Bronx und auf der andern den Hudson überblicken. Überall springen die Knospen von Magnolien auf. Ich verspeise ein weiteres Exemplar von diesen *ice-creams*, die mich so begeistern. Wieder ein schöner Augenblick.

Um 4 Uhr erwartet Bromley mich im Hotel. Wir fahren nach New Jersey. Gigantische Landschaft von Fabriken, Viadukten und Eisenbahnen. Und dann ganz plötzlich East Orange und die reinsten Postkartengefilde, die man sich denken kann, mit Tausenden von ordentlichen und sauberen Cottages – wie Spielzeug zwischen großen Pappeln und Magnolien. Man zeigt mir die kleine, helle und fröhliche öffentliche Bücherei, wo die Einwohner Schlange stehen – mit einem riesigen Saal für die Kinder. (Endlich ein Land, wo man sich wirklich um die Kinder kümmert.) Ich sehe im Zettelkatalog nach, was es an Philosophie gibt: W. James, und das ist alles.

Bei Bromley, die amerikanische Gastfreundschaft (sein Vater ist übrigens deutscher Abstammung). Wir arbeiten an der Übersetzung von *Caligula*, die er beendet hat. Er erklärt mir, ich verstünde es nicht, mich um meine *publicity* zu kümmern, ich hätte hier ein *standing*, das es zu nutzen gelte, und der Erfolg von *Caligula* hierzulande werde meine Kinder und mich aller Geldsorgen entheben. Seiner Rechnung nach müßte ich 1 500 000 Dollar verdienen. Ich lache, aber er schüttelt den Kopf. «Ach! Sie haben keinen *sense*.» Auf der Rückfahrt duzen wir uns. Er ist ein herzensguter Junge, und er möchte, daß wir zusammen nach Mexiko fahren. (Wohlgemerkt: Er ist ein Amerikaner, der nicht trinkt!)

Samstag. Régine. Ich bringe ihr meine Geschenke, und sie weint sich die Augen aus!

Ein Glas bei Dolorès. Dann führt Régine mich durch die amerikanischen Warenhäuser. Ich denke an Frankreich. Abendessen mit L. M. Aus der Höhe des *Plaza* bewundere ich die mit ihren steinernen Ungeheuern bedeckte Insel. In der Nacht mit ihren Millionen erleuchteten Fenstern und ihren großen schwarzen Bahnen, die dieses Blinken auf die halbe Höhe des Himmels erheben, habe ich den Eindruck einer ungeheuren, langsam zu Ende gehenden Feuersbrunst, die vor dem Horizont Tausende von riesigen schwarzen und noch mit einzelnen Glutpunkten gespickten Gerippen errichtet. Die bezaubernde Comtesse.

Sonntag. Spazierfahrt mit Chiaromonte und Abel[9] nach Staten Island. Auf dem Rückweg, an der Südspitze von

Manhattan, gewaltige geologische Ausgrabungen zwischen den eng zusammengerückten Wolkenkratzern, zwischen denen wir uns, von einem prähistorischen Gefühl überwältigt, bewegen. Wir essen in Chinatown zu Abend. Und ich atme zum erstenmal an einem Ort, wo ich dem wahren, wimmelnden und gemessenen Leben, das ich liebe, begegne.

Montagmorgen. Spaziergang mit Georgette Pope, die, Gott weiß warum, zu mir ins Hotel gekommen ist. Sie stammt aus Neukaledonien. *«What is your husband's job?»* – «Magician!» Von der Höhe des Empire State Building, in einem eisigen Wind, bewundern wir New York, seine alten Wasser und diese Überschwemmung von Steinen.

Beim Mittagessen erzählt die Frau von Saint-Ex.[10] – eine Wahnsinnige –, ihr Vater hätte in San Salvador neben siebzehn legitimen Kindern noch vierzig uneheliche gehabt, von denen jedes einen Hektar Land erhalten habe.

Am Abend Gespräch in der *École libre des Hautes Études*. Abgespannt gehe ich mit J. S. zum Broadway.

Roller Skating in der West 52nd Street. Eine riesige, mit Staub und rotem Samt bedeckte Radrennbahn. In einer rechteckigen Box, die im Hintergrund unter der Decke klebt, spielt eine alte Dame auf einer großen Orgel alle möglichen Melodien. Und Hunderte von Marines und jungen, für diesen Anlaß in Overalls gekleideten Mädchen bewegen sich Arm in Arm in einem Höllenlärm von Eisenrollschuhen und dröhnender Orgelmusik. Die Beschreibung ließe sich weiter ausführen.

Anschließend *Eddy et Léon*, ein reizloses Nachtlokal. Aber um uns schadlos zu halten, lassen J. S. und ich uns photographieren – in einer Kulisse wie auf dem Jahrmarkt, wo man sich mittels zweier splitternackter Pappfiguren, die in der Höhe des Kopfes ein Loch haben, als Adam und Eva photographieren lassen kann, wenn man sein Gesicht durch das Loch steckt.

J., der gut über die amerikanische Liebe Bescheid weiß, will unbedingt, daß ich die Taxigirls kennenlerne. Ein kleiner staubiger Saal in gedämpftem Licht. Jede Zehncentmünze berechtigt zu einem Tanz. Aber wenn man sich mit der Dame unterhalten will, muß man hinten im Saal zu beiden Seiten einer Schranke Platz nehmen und kann sich nicht annähern. Eindruck von Verdrängung und einer furchtbaren, unerträglichen sexuellen Spannung. J. erzählt mir vom *V-Day*[11] und den Orgien auf dem Times Square.

Dienstag. Mit dem reizenden Harold, der mir ebenfalls über die amerikanische Frau erzählt. Am Abend im stinklangweiligen French Institute. Aber wir gehen mit Dr. Jerry Winter in ein Neger-Nachtlokal. Rocco, der tollste schwarze Pianist, den ich seit Jahren gehört habe. Er spielt stehend an einem rollenden Klavier, das er vor sich herschiebt. Der Rhythmus, die Kraft, die Präzision dieses Spiels, und er selbst, der daran teilhat, der hüpft, tanzt, Kopf und Haare nach rechts und nach links schleudert.

Der Eindruck, daß nur die Neger für Leben, Leidenschaft und Wehmut sorgen in diesem Land, das sie auf ihre Weise kolonisieren.

Nacht in der Bowery. Das Elend – und als Europäer ist man versucht zu sagen: «Endlich das Konkrete.» Die wahren Wracks. Und die Hotels zu zwanzig Cent. Bowery Follies, wo sehr alte Sängerinnen sich in einer «Saloon»-Dekoration vor einem elenden Publikum produzieren. Und, ein paar Schritte entfernt, die prächtigsten Läden für Jungverheiratete, die man irgendwo sehen kann – alles beisammen – Spiegel, Glanz etc. Ja, eine erstaunliche Nacht.

W. Frank[12]. Einer der seltenen überlegenen Männer, denen ich hier begegnet bin. Er verzweifelt ein wenig am heutigen Amerika und vergleicht es mit jenem des 19. Jahrhunderts.

«Die großen Geister (Melville) sind hier immer einsam gewesen.»

Vassar College. Eine Armee von langbeinigen jungen Starlets, die sich auf den Rasenflächen begegnen. Was hier für die Jugend getan wird, lohnt festgehalten zu werden.

Sonntag. Langes Gespräch mit Ch. Können wir eine neue Laienkirche aufbauen?

Am Nachmittag mit Studenten. Sie sind sich des wahren Problems nicht bewußt, und doch ist ihre Sehnsucht offenkundig. In diesem Land, wo *alles* bemüht ist zu beweisen, daß das Leben nicht tragisch ist, haben sie das Gefühl eines Mangels. Diese große Anstrengung ist rührend, aber das Tragische muß verworfen werden, *nachdem* man ihm ins Gesicht gesehen hat, nicht vorher.

Montag. Ryder[13] und Figari[14]. Zwei sehr große Maler. Die von der Inspiration her mystische und von der Technik her handwerkliche oder fast handwerkliche Malerei Ryders (es sind beinahe Emaillen) läßt unweigerlich an Melville denken, dessen (jüngerer) Zeitgenosse er ungefähr war. Ja, hier ist es, das große Amerika. Und heute? Figari hat alles: die Wehmut, die Kraft, den Humor.

Dann Alfred Stieglitz, eine Art alter amerikanischer Sokrates. «Das Leben erscheint mir immer schöner, je älter ich werde – aber zu leben immer schwieriger. Erhoffen Sie nichts von Amerika. Sind wir ein Ende oder ein Anfang? Ich glaube, daß wir ein Ende sind. Es ist ein Land, in dem man die Liebe nicht kennt.» Am Abend. Zirkus. Vier Manegen. Alle arbeiten gleichzeitig. Und ich sehe nichts.

Tucci: Daß die menschlichen Beziehungen hier etwas sehr Einfaches sind, weil es keine menschlichen Beziehungen gibt. Sie bleiben im Äußerlichen stecken. Aus Respekt und aus Bequemlichkeit.

Die Tausende von Operettengenerälen und -admirälen, die in New York Portiers, Captains und Boys sind. Die Liftjungen, die wie kartesische Taucher zu Tausenden in ihren großen Kästen hinauf- und hinabgleiten.

19. April. Noch eine Nacht in der Bowery. Und die *elevated*[15] - wir sind ganz vorn –, die in der Höhe des fünften Stockwerks dahinbraust, und die Wolkenkratzer drehen sich langsam im Kreis, und der Triebwagen verschlingt die kleinen roten und blauen Lichter, läßt sich einen Moment lang von den kleinen Bahnhöfen verschlucken und nimmt wieder seine Fahrt auf zu immer elenderen Vierteln, wo immer weniger Autos verkehren.

Wieder die Bowery Follies und die alten Sängerinnen, die sich hier am Ende einer Laufbahn produzieren. Ungeheuerliche Gestalten, mit weiß geschminkten, schwitzenden Vollmondgesichtern – und plötzlich fangen sie an, mit den Füßen zu stampfen, so daß die unförmigen Fleischpakete, mit denen sie bedeckt sind, auf und ab hüpfen. «Ich bin ein Vogel in einem goldenen Käfig.» – «Ich habe keine Ambitionen.» – «Ich bin niemandes Baby» und so weiter. Die weniger häßlichen haben keinen Erfolg. Man muß entweder *sehr schön* oder *sehr häßlich* sein. Lehrreich. Sogar in der Häßlichkeit gibt es eine Mittelmäßigkeit. Und dann die Nacht. Und, in einer Slumkulisse, diese Rumänen, die tanzen und singen, bis ihnen der Atem ausgeht. An das äußerste Ende einer exaltierten Welt versetzt – und dieses unvergeßliche Gesicht.

Wenn man von der Höhe der Riverside den Highway betrachtet, der am Hudson entlangführt, steigt von der ununterbrochenen Reihe sanft und gut geölt dahinrollender

Autos ein zugleich feierlicher und ferner Gesang empor, der genau dem Geräusch der Wellen entspricht.

In Philadelphia kleine Friedhöfe voller Blumen unterhalb der riesigen Gasometer.

Die lauen Abende über den weiten Rasenflächen von Washington, wenn der Himmel sich rötet und das Gras schwarz zu werden beginnt, wenn Schwärme von kleinen Negerlein sich unter fröhlichem Geschrei mit einer Holzlatte einen Ball zuwerfen, wenn saloppe Amerikaner in Hemdsärmeln, die in sich zusammengesunken auf den Bänken sitzen und aussehen, als kämen sie geradewegs aus dem «Saloon» eines alten Films, mit letzter Kraft ein in pasteurisierte Pappe gegossenes Eis lutschen, während die Eichhörnchen vor deinen Füßen Leckerbissen ausgraben, deren Namen niemand anders weiß als sie, während in den hunderttausend Bäumen der Stadt eine Million Vögel das Erscheinen des ersten Sterns über der Pyramide von Washington an dem noch hellen Himmel begrüßen, und wenn langbeinige Geschöpfe vor dem Hintergrund der großen Monumente mit langen Schritten über die Rasenwege gehen und dem Himmel einen gelösten Augenblick lang ihr strahlend schönes Gesicht und ihren Blick ohne Liebe darbieten.

Pest: Es ist eine Welt ohne Frauen und folglich eine Welt, in der man nicht atmen kann.

Recht hat nur der, der nie getötet hat. Also kann es nicht Gott sein.

Meine Neugier auf dieses Land hat auf einen Schlag aufgehört – wie bei gewissen Menschen, von denen ich mich ohne Erklärung und ohne weitere Anteilnahme abkehre (was F. mir zum Vorwurf macht). Und ich sehe sehr wohl die tausend Gründe, aus denen man sich für sie interessieren kann, ich wäre fähig, eine Rede zu ihrer Verteidigung und Rechtfertigung zu halten, ich vermag ihre Schönheit zu rekonstruieren oder ihre Zukunft, aber mein Herz hat schlicht aufgehört zu sprechen und...

Chinesisches Theater in Chinatown. Ein großer, staubiger runder Saal. Das Spektakel dauert von 6 bis 11 Uhr p. m. und entfaltet sich vor 1500 Chinesen, die Erdnüsse essen, schwatzen, hereinkommen, hinausgehen und dem Schauspiel mit einer gewissen, ein wenig starren Zerstreutheit folgen. Die Kinder laufen mitten im Saal herum. Auf der Bühne spielen die Schauspieler in ihren Kostümen neben Musikern in Straßenanzug und mit Hosenträgern, die von Zeit zu Zeit eine Pause machen, um ein Sandwich zu essen oder einem Kind die Hose hochzuziehen. Ebenso kommen und gehen während der ganzen Vorführung Bühnenarbeiter in Weste und Hemdsärmeln, um ein den Händen eines Sterbenden entglittenes Schwert aufzuheben, einen Stuhl hinzustellen oder einen anderen fortzutragen, und das alles eigentlich ohne Notwendigkeit. Durch die Kulissentüren sieht man von Zeit zu Zeit die Schauspieler, die plaudernd oder das Geschehen auf der Bühne verfolgend auf ihren Auftritt warten.

Was das Stück betrifft, so habe ich, da das Programm auf chinesisch abgefaßt war, versucht, seinen Inhalt zu erfinden. Aber ich vermute, daß ich alles verkehrt ausgelegt habe. Denn in dem Augenblick, da auf der Bühne ein tapferer Mann unter dem Wehklagen der Witwe und seiner Freunde auf höchst realistische Weise stirbt und mir sehr ernst zumute ist, lacht das Publikum. Und bei dem clownhaften Auftritt irgendeines Richters mit knarrender Stimme bin ich der einzige, der lacht, während das gesamte Publikum so etwas wie respektvolle Aufmerksamkeit bekundet. Jemand, der wie ein blutbesudelter Metzger aussieht, tötet einen Mann. Er zwingt einen jungen Chinesen, die Leiche fortzuschaffen. Der junge Chinese hat solche

Angst, daß ihm die Knie schlotternd gegeneinanderschlagen...

Von New York nach Kanada

Weite Landschaft, ordentlich und luftig mit den kleinen und großen Häusern mit den weißen Säulen und den hohen, schön gewachsenen Bäumen und den Rasenflächen, die nie durch Zäune getrennt sind, so daß sie einen einzigen Rasen bilden, der allen gehört und wo hübsche Kinder und geschmeidige Jugendliche einem Leben voller guter Dinge und herrlicher Süßspeisen zulachen. Hier trägt die Natur zu dem schönen amerikanischen Märchen bei.

Ein Bericht über eine amerikanische Kindheit, und er sucht vergeblich, was sein Herz ersehnt. Er findet sich ab.

Die elegante Person, die in den Bowery Follies am Schlagzeug saß.

Zwei Menschen lieben sich. Aber sie sprechen nicht die gleiche Sprache. Einer spricht beide Sprachen, die eine jedoch nur unvollkommen. Es genügt, um sich zu lieben. Aber der, der beide Sprachen konnte, stirbt. Und seine letzten Worte sagt er in seiner Muttersprache, die der andere nicht verstehen kann. Er lauert, er lauert...

Kleine Herberge mitten in den Adirondacks [16], meilenweit von allem entfernt. Beim Betreten des Zimmers dieses seltsame Gefühl: Ein Mann kommt im Verlauf einer Geschäftsreise ohne die geringste Absicht in ein wildes Land und eine abgelegene Herberge. Und dort lassen ihn das Schweigen dieser Natur, die Einfachheit des Zimmers, die Abgeschiedenheit von allem anderen den Entschluß fassen, für immer zu bleiben, alle seine Bande mit dem, was sein Leben war, zu durchschneiden und nie wieder irgendeinem Menschen ein Lebenszeichen zu geben.

Neuengland und Maine. Das Land der Seen und der roten Häuser. Montreal und seine beiden Hügel. Ein Sonntag. Langeweile. Langeweile. Das einzig Komische: die Straßenbahnen, die ihrer Form und Vergoldung wegen wie Karnevalswagen aussehen. Dieses große, ruhige und gemächliche Land. Man merkt, daß der Krieg spurlos an ihm vorübergegangen ist. Europa, das Jahrhunderte Vorsprung im Wissen besaß, hat innerhalb nur einiger weniger Jahre weitere im Bewußtsein gewonnen.

Das griechische Denken als eine Revolte gegen das Heilige wiederherstellen und wiedererschaffen. Aber nicht die Revolte gegen das Heilige der Romantik – die selbst eine Form des Heiligen ist –, sondern die Revolte als etwas, das dem Heiligen seinen Platz zuweist[17].

Die Idee des Messianismus als Grundlage aller Fanatismen. Der Messianismus gegen den Menschen. Das griechische Denken ist nicht historisch. Die Werte sind *präexistent. Gegen* den *modernen* Existentialismus [18].

Pest. Tarrou verkehrt mit den spanischen Tänzerinnen. Er liebt nur die Leidenschaft. Natürlich muß ein Mann kämpfen. «Aber wenn er andererseits aufhört zu lieben, was nützt es dann, zu kämpfen.»

In den amerikanischen Zeitungen: Eine noch schrecklichere Waffe als die Atombombe: «Die Schwarze Pest hat im Mittelalter an manchen Orten sechzig Prozent der Bevölkerung getötet. Wir wissen nicht, ob die amerikanischen Wissenschaftler Mittel gefunden haben, um sie zu verbreiten, aber den Japanern ist es in China nicht gelungen. Sie hatten die Schwarze Pest in den Reis gesät.»

Die wunderbare Landschaft von Quebec. An der Spitze von Cap Diamond, vor dem gewaltigen Durchbruch des Sankt-Lorenz-Stroms, verschmelzen Luft, Licht und Wasser in unendlichen Proportionen. Zum erstenmal auf diesem Kontinent habe ich den wirklichen Eindruck der Schönheit und der wahren Größe. Mir scheint, daß ich etwas zu sagen hätte über Quebec und über diese Vergangenheit von Menschen, die, von einer Macht getrieben, die ihre Kräfte überstieg, gekommen waren, um in der Einsamkeit zu kämpfen. Aber wozu? Es gibt jetzt so viele Dinge, von denen ich weiß, daß sie mir künstlerisch gesprochen *glücken* würden, aber dieses Wort hat für mich keine Bedeutung mehr. Das einzige, was ich gern sagen würde, habe ich bisher nicht zu sagen vermocht, und zweifellos werde ich es niemals sagen.

Ein Stück über die Bürokratie schreiben (die in Amerika ebenso stumpfsinnig ist wie anderswo)[19].

Sogar die Heilsarmee macht hier Reklame. Und auf ihren Plakaten haben die Frauen der Heilsarmee rote Wangen und ein strahlendes Lächeln...

Zaharos Vater[20]. Pole. Ohrfeigt mit fünfzehn Jahren einen Offizier. Läuft davon. Kommt an einem Karnevalstag in Paris an. Kauft mit den paar Sous, die er hat, Konfetti und verkauft es. Dreißig Jahre später hat er ein riesiges Vermögen und eine Familie. Da er weder lesen noch schreiben kann, liest sein Sohn ihm manchmal aufs Geratewohl etwas vor. Er liest ihm die Apologie des Sokrates vor. «Du liest mir von jetzt an kein anderes Buch mehr vor», sagt der Vater. «In dem hier steht alles.» Und seither läßt er sich immer dieses Buch vorlesen. Er verabscheut die Richter und die Polizei.

Manhattan. Über die *sky-scrapers* hinweg, durch Hunderttausende von hohen Mauern hindurch trifft manchmal der Schrei eines Schleppers auf deine Schlaflosigkeit im Verlauf der Nacht und erinnert dich daran, daß diese Wüste aus Eisen und Beton eine Insel ist [21].

Der Mann vom Holland Tunnel in New York oder vom Sumner Tunnel in Boston. Den ganzen Tag sitzt er auf einer erhöhten Kommandobrücke und zählt die Autos, die ununterbrochen und in einem ohrenbetäubenden Lärm durch den grell beleuchteten Tunnel hindurchfahren, der zu lang ist, als daß er den einen oder anderen Ausgang sehen könnte. Ein Held für einen modernen Roman.

B. als überlegener Amerikaner. Seine Psychologie: Die Menschen, die am Meer leben, lieben die Berge, und die Menschen in den Bergen lieben das Meer.

Regen über New York [22]. Er fließt unermüdlich zwischen den hohen Betonklötzen. Ein seltsames Gefühl des Entrücktseins im Taxi, dessen schnelle und eintönige Scheibenwischer ein unaufhörlich wiederkehrendes Wasser wegfegen. Der Eindruck, in der Falle dieser Stadt gefangen zu sein und daß ich mich aus den mich umschließenden Blöcken befreien und stundenlang laufen könnte, ohne etwas anderes zu finden als neue Betongefängnisse, ohne Hoffnung auf einen Hügel, einen richtigen Baum oder ein verstörtes Gesicht.

B.s Vater, Richter am obersten Gericht in Hamburg. Sein Lieblingsbuch ist das deutsche Kursbuch, in dem die Ankunfts- und Abfahrtszeiten aller Züge der ganzen Welt verzeichnet sind [23]. Er kann es fast auswendig, und B. spricht von dieser seltsamen Eigenart mit einer Bewunderung, in die sich nicht die geringste Ironie mischt.

Regenfälle in New York. Unaufhörlich, alles wegfegend. Und in dem grauen Dunst recken die Wolkenkratzer sich weißlich empor wie riesige Grabmäler dieser von Toten bewohnten Stadt. Durch den Regen sieht man, wie die Grabmäler auf ihren Grundfesten wackeln.

Schreckliches Gefühl der Verlassenheit. Selbst wenn ich alle Geschöpfe der Welt an mich drückte, ich wäre vor nichts geschützt.

Pest. Zu Tarrou: «Haben Sie denn die Vorstellung, das Leben ganz zu kennen?»

Tarrou: «Ja.»

Revolte. Eingehende Untersuchung des Terrors und seiner Beziehungen zur Bürokratie.

– Festhalten, daß unsere Zeit das Ende der Ideologien anzeigt. Die Atombombe verbietet die Ideologie[24].

Julien Green fragt sich *(Tagebuch)*, ob ein Heiliger denkbar ist, der einen Roman schreibt. Natürlich nicht, denn es gibt keinen Roman ohne Revolte. Oder aber man müßte sich einen Roman denken, der die irdische Welt und den Menschen in Anklagezustand versetzt – einen Roman absolut ohne Liebe. Unmöglich.

Auf See

Wie lang diese Rückreise. Die Abende über dem Meer und der Übergang von der untergehenden Sonne zum Mond sind die einzigen Augenblicke, in denen die Anspannung meines Herzens sich ein wenig löst. Ich habe das Meer immer geliebt. Es hat immer alles in mir beschwichtigt.

Die schreckliche Mittelmäßigkeit dieses Milieus. Bis jetzt habe ich nicht einziges Mal unter der Mittelmäßigkeit gelitten, die mich umgeben mochte. Bis jetzt. Aber diese

Intimität hier geht zu weit. Und bei allen gleichzeitig dieses gewisse Etwas, das weit gehen könnte, wenn nur...

Zwei junge, schöne Geschöpfe haben auf diesem Schiff einen Flirt angefangen, und sogleich hat sich ein böswilliger Kreis um sie geschlossen. Diese Anfänge der Liebe! Ich habe sie gern und billige sie von ganzem Herzen – mit einer gewissen Dankbarkeit geradezu gegenüber denen, die auf diesem Deck, mitten auf dem in der Sonne glänzenden Atlantik, auf halbem Weg zwischen zwei dem Wahnsinn verfallenen Kontinenten, diese Wahrheiten, die Jugend und die Liebe, bewahren. Aber warum nicht auch diesen Neid bei seinem Namen nennen, den ich in meinem Herzen spüre, und dieses stürmische Verlangen, das mich erfaßt, das ungeduldige Herz, das ich mit 20 Jahren hatte, wiederzufinden. Aber ich kenne das Heilmittel, ich werde lange auf das Meer hinausschauen.

Traurigkeit, weil ich mich noch immer so verwundbar fühle. In 25 Jahren bin ich 57. 25 Jahre also noch, um mein Werk zu schaffen und zu finden, was ich suche. Dann das Alter und der Tod. Ich weiß, was das Wichtigste für mich ist. Und doch bringe ich es immer noch fertig, den kleinen Versuchungen nachzugeben, Zeit zu verlieren mit nichtigen Gesprächen oder unfruchtbarem Umherschlendern. Ich bin Herr geworden über zwei oder drei Dinge in mir. Aber wie weit bin ich von jener Überlegenheit entfernt, die ich so nötig hätte.

Wunderbare Nacht über dem Atlantik. Diese Stunde, die von der verschwundenen Sonne zum gerade erst aufgehenden Mond reicht, vom noch leuchtenden Westen zum schon dunklen Osten. Ja, ich liebe das Meer sehr – diese ruhige Unermeßlichkeit – diese wieder bedeckten Furchen des Kielwassers – diese flüssigen Straßen. Zum erstenmal ein dem Atmen des Menschen angemessener Horizont, ein Raum, so groß wie seine Kühnheit. Ich bin immer hin und her gerissen gewesen zwischen meinem Hunger nach Menschen, der Eitelkeit der Betriebsamkeit und dem Wunsch, mich jenen Meeren des Vergessens anzugleichen, jenem maßlosen Schweigen, das wie der Zauber des Todes ist. Ich habe Gefallen an den Eitelkeiten der Welt, an meinen Mitmenschen, an den Gesichtern, aber neben dem Leben der Welt habe ich einen eigenen Maßstab – das Meer und all das, was in dieser Welt ihm gleicht. O Süße der Nächte, in denen alle Sterne funkeln und über die Masten hin gleiten, und diese Stille in mir, diese Stille endlich, die mich von allem erlöst.

SÜDAMERIKA

Juni bis August 1949

30. Juni

Auf dem Meer. Ein anstrengender Tag. R. und ich fahren mit höchster Geschwindigkeit, um rechtzeitig in Marseille zu sein. Desdémone [1] erlaubt es uns. In Marseille sengende Hitze und gleichzeitig ein Wind, der einem ins Gesicht schneidet. Selbst die Natur ist feindselig. Einzelkabine. Ich warte darauf, daß das Schiff ausläuft, und wandere über die Laufgänge und die Decks. Ein beschämendes Gefühl, die Passagiere der vierten Klasse zu sehen, die im Zwischendeck untergebracht sind, auf übereinander angeordneten Pritschen wie im Konzentrationslager. Windeln hängen dort, schmutzige. Kleine Kinder werden zwanzig Tage in dieser Hölle leben. Und ich... Das Schiff lichtet den Anker mit zwei Stunden Verspätung. Abendessen. An meinem Tisch sitzen G., Professor für Geschichte der Philosophie an der Sorbonne – ein kleiner junger Mann, der zu seiner Familie in Argentinien zurückkehrt, und Madame C., die zu ihrem Mann fährt. Sie ist aus Marseille, eine hochgewachsene dunkelhaarige junge Frau. Sie sagt alles, was ihr durch den Kopf geht – und das ist manchmal amüsant. Andere Male... Jedenfalls lebt sie. Die anderen sind tot – und auch ich, alles in allem. Nach dem Abendessen stellt G., der Anspielungen auf den Zustand des Angestecktseins von der Pest gemacht hat, mich einem brasilianischen Professor und seiner Frau als den «Autor der *Pest*» vor. Ich mache einen guten Eindruck! Im «Musiksalon» (in dem man die Hälfte der Emigranten aus der vierten Klasse bequem unterbringen könnte) spielt G. uns Bagatellen auf dem Klavier an Bord vor, das aussieht wie eine scheppernde Klapperkiste. Anschließend Konversation. Lob Salazars aus dem Munde des brasilianischen Professors. Madame C. schießt zwei kapitale Böcke, indem sie die Brasilianer davon zu überzeugen sucht, daß es in Südamerika jeden Tag eine Revolution gibt. Ich höre Bemerkungen wie «Sie kommt aus dem Volk, aus der niedrigsten Schicht...» und andere solche Perlen. Ich verabschiede mich und gehe. Am Heck, wohin ich mich flüchte, trinken ein paar Emigranten Wein aus Schläuchen und singen. Ich bleibe bei ihnen, unerkannt und glücklich (zehn Sekunden lang). Und dann gehe ich das Meer betrachten. Ein zunehmender Mond steigt über den Masten auf. So weit das Auge reicht in der noch nicht undurchdringlichen Nacht, das Meer – und ein Gefühl der Ruhe, eine starke Wehmut steigen von den Wassern empor. Auf dem Meer ist immer alles in mir besänftigt, und diese unendliche Einsamkeit tut mir einen Augenblick lang wohl, auch wenn ich den Eindruck habe, daß dieses Meer heute alle Tränen der Welt mit sich wälzt. Ich kehre in meine Kabine zurück, um diese Zeilen zu schreiben – wie ich es jeden Abend tun möchte, ohne irgend etwas Intimes zu sagen, sondern einfach, um nichts von den Ereignissen des Tages zu vergessen. Dem zugewandt, was ich verlassen habe, das Herz bang, und ich würde doch so gern schlafen.

1. Juli

Mit Fieber aufgewacht, bleibe ich liegen, verträume und verdöse einen Teil des Vormittags. Um 11 Uhr geht es mir besser, und ich verlasse meine Kabine. G. ist an Deck. Wir sprechen über Philosophie. Er will die Philosophie der Geschichte der Philosophie begründen. Er hat ganz recht. Aber er ist, wie er sagt, jung geblieben und liebt das Leben.

Er hat wiederum recht. Mittagessen mit meinen drei Musketieren. Madame C. tritt wieder ins Fettnäpfchen, indem sie G. fragt, ob er an einem Gymnasium unterrichtet, während er doch Professor an der Sorbonne ist. Aber sie merkt es gar nicht. Ich beobachte das Verhalten der Männer ihr gegenüber. Man hält sie für leichtfertig, weil sie fröhlich ist. Das ist natürlich ein Irrtum. Am Nachmittag lese ich die Beschreibung der brasilianischen Revolutionen – Europa ist nichts. Um 5 Uhr gehe ich in die Sonne, um zu arbeiten. Die Sonne erdrückt das Meer, das kaum atmet, und das Schiff ist hinten und vorn mit schweigenden Menschen beladen. Dafür brüllt das Schiffsgrammophon Schlager in alle vier Himmelsrichtungen. Ich werde einer jungen Rumänin vorgestellt, die England verläßt, um in Argentinien zu leben. Eine leidenschaftliche Frau – weder schön noch häßlich und mit einem leichten Schnurrbart. Anschließend gehe ich in meine Kabine, um zu lesen, dann ziehe ich mich zum Abendessen um. Traurig. Ich trinke Wein. Nach dem Essen Konversation, aber ich betrachte das Meer und versuche wieder einmal, das Bild festzuhalten, das ich seit zwanzig Jahren für diese Ranken und diese Muster suche, die das vom Vordersteven verdrängte Wasser auf das Meer zeichnet[2]. Wenn ich es erst einmal gefunden habe, wird alles vorbei sein.

Zweimal hintereinander der Gedanke an Selbstmord. Beim zweitenmal, während ich immer noch das Meer betrachte, spüre ich plötzlich ein furchtbares Brennen an den Schläfen. Ich glaube, daß ich jetzt verstehe, *wieso* man sich umbringt. Wieder Konversation – mit ausgehakten Kiefern. Ich steige im Dunkeln auf das obere Deck und beschließe meinen Tag, nachdem ich angesichts des Meeres, des Mondes und der Sterne Vorsätze für meine Arbeit gefaßt habe. – Die Wassermassen sind an der Oberfläche kaum beleuchtet, aber man ahnt ihre tiefe Dunkelheit. So ist das Meer, und deshalb liebe ich es! Ruf des Lebens und Einladung zum Tod.

2. Juli

Die Monotonie hat sich eingerichtet. Am Vormittag ein wenig Arbeit. Sonne auf dem oberen Deck. Vor dem Mittagessen werde ich noch den letzten Passagieren vorgestellt. Wir sind nicht gerade mit hübschen Frauen verwöhnt, aber ich sage das ohne Bitterkeit. Den ganzen Nachmittag vor Gibraltar, das Meer plötzlich still geworden unter diesem riesigen Felsen mit den Zementflanken, dem abstrakten, feindseligen Maul. Das ist das Gehabe der Macht. Dann Tanger mit den sanften weißen Häusern. Um 6 Uhr, während der Tag zu Ende geht, belebt sich das Meer ein wenig, und während die Lautsprecher an Bord die *Eroica* schmettern, entfernen wir uns von den stolzen Küsten Spaniens und lassen Europa endgültig hinter uns. Ich blicke unaufhörlich auf dieses Land, das Herz beklommen.

Nach dem Abendessen Kino. Ein amerikanischer Kitschfilm von starkem Kaliber, von dem ich nur die ersten Bilder schlucken kann. Ich kehre zum Meer zurück.

3. Juli

Dies sind Tage ohne Profil. Heute morgen Bad im Schwimmbad (das Wasser reicht mir bis an den Bauch) und Pingpong, wobei ich endlich meine Muskeln ein wenig entroste. Am Nachmittag Pferderennen (das Würfelspiel) mit meinem gewohnten Pech. Wir sind auf dem Atlantik, und das Schiff rollt heftig in der starken Dünung. Versuchte zu arbeiten, aber ohne großen Erfolg. Schließlich lese ich de Vignys Tagebuch, an dem mich vieles entzückt, außer wenn er sich ziert wie ein verstopfter Schwan. Und ich ziehe allem diese enge reine Kabine vor, dieses harte Bett und diese Kargheit. Entweder diese Einsamkeit ohne Überfluß oder das Gewitter der Liebe, nichts anderes interessiert mich auf der Welt. Habe ich nichts vergessen? Ich glaube nicht. Ich beende meinen Tag wie gewohnt angesichts des Meeres, das heute abend prachtvoll ist unter dem Mond, der mit phosphoreszierenden Zügen arabische Schriftzeichen auf die langsame Dünung malt. Der Himmel und die Wasser sind ohne Ende. Welch gute Gesellschaft für die Traurigkeit!

4. Juli

Der gleiche Tageslauf. Verschlimmert durch die Schläfrigkeit – als wollte die endlose Reihe schlafloser Nächte sich auf einmal bei mir in Erinnerung bringen. Ich lege mich im Laufe des Tages mehrmals hin und schlafe jedesmal sofort ein, obwohl ich doch eine gute Nacht hatte. Zwischendurch Arbeit, Schwimmbad, Sonne (um 2 Uhr, denn während der übrigen Zeit ist es eine einzige Planscherei) und de Vigny. Ich finde vieles, was sich mit meiner geistigen Verfassung deckt. Und immerhin dies: «Wenn der Selbstmord zulässig ist, dann in einer jener Situationen, in denen ein Mensch im Kreise seiner Familie zuviel ist und in der sein Tod all denen, die sein Leben außer Fassung bringt, den Frieden wiedergeben würde.» Es muß indes gesagt werden, daß ich – braungebrannt, ausgeruht, wohlgenährt und hell gekleidet – wie das blühende Leben aussehe. Mir will scheinen, ich könnte gefallen. Aber wem?

Dem Meer gegenüber, ehe ich mich schlafen lege. Diesmal wirft der Mond eine ganze leuchtende Bahn auf das Meer, die durch die Bewegung des Schiffs in dem dunklen Ozean wie ein milchiger, strömender Fluß wirkt, der unablässig zu uns herabfließt[3]. Ich hatte schon tagsüber versucht, Aspekte des Meeres zu notieren, die ich hier wiedergebe:

Meer am Morgen: Unermeßlicher Fischteich – schwer und quecksilbrig – schuppig – klebrig – mit frischem Schleim bedeckt[4].

Meer am Mittag: blaß – große weißglühende Blechplatte – knisternd auch – sie wird sich unvermittelt umkehren, um der Sonne ihre feuchte Seite darzubieten, die jetzt noch im Dunkeln liegt... etc.[5].

Gute Nacht.

5. Juli

Vormittags im Bad, in der Sonne, dann an der Arbeit. Mittags passieren wir den Wendekreis des Krebses unter einer senkrechten Sonne, die alle Schatten tötet. Trotzdem ist es nicht übermäßig heiß. Aber der Himmel ist voll von einem ungesunden Dunst, und die Sonne sieht aus wie eine Krankheit. Das Meer gleicht einer riesigen Geschwulst mit dem metallischen Glanz der Verwesung. Am Nachmittag ein großes Ereignis: Wir überholen einen Dampfer, der die gleiche Route fährt wie wir. Der Gruß, den die beiden Schiffe sich mit drei lauten Schreien prähistorischer Tiere zurufen, die Signale der Passagiere, die auf See verloren und nun wachgerufen sind durch die Gegenwart anderer Menschen, die Trennung schließlich auf den grünen, übelwollenden Wassern – all das drückt einem ein wenig das Herz ab. Ich blicke danach noch lange auf das Meer, von einer seltsamen, guten Erregung erfüllt. Nach dem Abendessen gehe ich nach vorn. Die Emigranten spielen auf der Ziehharmonika und tanzen in der Nacht, in der die Hitze bereits aufzusteigen scheint.

6. Juli

Der Tag bricht über einem stählernen, von blendenden Schuppen übersäten, aufgewühlten Meer an. Der Himmel ist weiß von Dunst und Hitze, er hat einen toten, aber unerträglichen Glanz, als hätte die Sonne sich verflüssigt und sich in die dichten Wolken ergossen, so weit das Himmelsgewölbe reicht. Je weiter der Tag fortschreitet, um so mehr nimmt die Hitze zu in der bleiernen Luft. Den ganzen Tag über stöbert der Vordersteven Schwärme von fliegenden Fischen aus ihren Wellenbüschen auf. Um 7 Uhr abends zeigt sich die Küste, düster und aussätzig. Wir gehen in der Nacht in Dakar an Land. Zwei oder drei Cafés, grell mit Neon beleuchtet, die großen Neger, bewundernswert in ihrer Würde und Eleganz mit ihren langen weißen Gewändern, die Negerinnen in ihren altmodischen, farbenprächtigen Kleidern, der Geruch von Erdnüssen und Pferdemist, der Staub und die Hitze. Nur ein paar Stunden, aber ich begegne dem Geruch meines Afrikas wieder, Geruch des Elends und der Verlassenheit, jungfräulicher und so starker Geruch, dessen verführerische Macht ich kenne. Als ich wieder auf das Schiff komme, ein Brief. Zum erstenmal lege ich mich mit ein bißchen mehr innerem Frieden zu Bett.

7. Juli

Schlaflose Nacht. Hitze. Schwimmbad, und dann strecke ich mich wieder in meiner Kabine aus. De Vigny, den ich fertiglese. Nach dem Mittagessen versuche ich zu schlafen, vergeblich. Ich arbeite bis 6 Uhr, mit gutem Ergebnis. Und dann folge ich auf dem Promenadendeck jener merkwürdigen Gestalt, die ich seit dem Beginn der Reise beobachte. Immer und sogar unter dem Wendekreis trägt dieser Mann einen dunkelgrauen wollenen Anzug; steifer Kragen, Reisemütze, schwarze Schuhe, sechzig Jahre. Klein, dünn, das Aussehen einer eigensinnigen Ratte. Allein an einem Tisch, sein Liegestuhl immer am gleichen Platz auf dem Promenadendeck, liest er nichts anderes als *Les Nouvelles littéraires*, von denen er eine unerschöpfliche Sammlung zu besitzen scheint und die er von der ersten bis zur letzten Zeile liest. Er raucht eine Zigarre nach der andern und richtet nie das Wort an irgend jemanden. Das einzige Gespräch, bei dem ich ihn erlebt habe, war, als er einen Matrosen fragte, ob die Tümmler fett seien oder mager. Es kommt auch vor, daß er mit einem jungen Deutschschweizer trinkt (Pastis), der kein Französisch spricht. Er selbst spricht kein Deutsch. Praktisch also ein Gespräch zwischen Taubstummen. Als ich ihm heute abend viermal rings um das Promenadendeck folge, fällt mir auf, daß er nicht ein einziges Mal das Meer betrachtet hat. Niemand an Bord weiß, welchen Beruf er ausübt.

Vor dem Abendessen schaue ich zu, wie die Sonne untergeht. Aber sie wird lange vor dem Horizont vom Dunst verschluckt. In diesem Augenblick ist das Meer backbords rosa und steuerbords blau. Wir bewegen uns auf einer unbegrenzten Weite. Vor Rio wird kein Land mehr in Sicht kommen. Die Abendstunde ist plötzlich wunderbar. Das dichte Wasser trübt sich ein wenig. Der Himmel weitet sich. Und im allerfriedlichsten Augenblick tauchen Hunderte von Tümmlern aus den Wassern auf, tummeln sich einen Moment lang herum und fliehen dann zum menschenleeren Horizont. Als sie fort sind, herrschen das Schweigen und die Angst der uralten Meere. Nach dem Abendessen kehre ich zum Meer zurück, am Bug des Schiffes. Es ist prächtig, schwer und bestickt. Der von vorn kommende Wind peitscht mir heftig ins Gesicht, nachdem er Räume durcheilt hat, deren Weite ich mir nicht einmal mehr vorstellen kann. Ich fühle mich allein und ein bißchen verloren, bezaubert, am Ende, und ich spüre, wie meine Kräfte nach und nach wiedererstehen angesichts dieser unbekannten Zukunft und dieser Größe, die ich liebe.

8. Juli

Schlaflose Nacht. Den ganzen Tag lang trage ich einen hohlen Kopf und ein leeres Herz mit mir herum. Das Meer ist stürmisch. Der Himmel verhangen. Die Decks liegen verlassen da. Seit Dakar sind wir übrigens nur noch gut zwanzig Passagiere. Zu müde heute, um das Meer zu beschreiben.

9. Juli

Bessere Nacht. Am Vormittag spaziere ich über die großen leeren Decks. Die Passatwinde, denen wir jetzt begegnen, haben die Temperatur abgekühlt. Ein jäher, böiger Wind fährt kräftig über das Meer, das sich in kleinen, schaumlosen Wellen erhebt.

Etwas gearbeitet, viel herumgeschlendert. Ich stelle fest, daß ich die Gespräche mit den Passagieren nicht aufzeichne. Manche sind dennoch interessant – die mit Delamain, dem Verleger, und seiner Frau. Las einen bezaubernden Roman von ihm über die Treue. Ich werde darauf zurückkommen. Aber es ist auch so, daß mein Interesse zur Zeit nicht wirklich den Menschen gilt, sondern dem Meer und dieser tiefen Traurigkeit in mir, an die ich nicht gewöhnt bin.

Um 18 Uhr, zum Sonnenuntergang, wie jeden Abend Platten mit klassischer Musik. Und plötzlich die *Toccata*, in dem Augenblick, als die Sonne hinter den Wolken verschwindet, die sich unmittelbar über der Linie des Horizonts gesammelt haben. An dem opernhaften Himmel ordnen sich riesige rote Streifen, schwarze Flocken, fragile Gebilde, die aus Draht und Federn zu bestehen scheinen, zu einer weiten roten, grünen und schwarzen Formation – sie bedecken den ganzen Himmel und bewegen sich in der abwechslungsreichsten Beleuchtung nach einer höchst majestätischen Choreographie. Die *Toccata* über dieser schlummernden See, unter den Festspielen dieses königlichen Himmels... der Augenblick ist unvergeßlich. So sehr, daß das ganze Schiff schweigt, die Passagiere, die sich auf der westlichen Seite der Decks drängen, werden zur Stille zurückgeführt und zu dem, was am wahrsten in ihnen ist, werden einen Augenblick lang dem Elend der Tage und dem Schmerz des Daseins entrückt.

10. Juli

Am Vormittag passieren wir den Äquator, bei einem Wetter wie im Departement Seine-et-Oise – kühl, unfreundlich, der Himmel mit Schäfchenwolken bezogen und das Meer etwas widerborstig. Da die Äquatortaufe in Ermangelung von Passagieren abgesetzt wurde, ersetzen wir die Riten durch ein paar Wasserspiele im Schwimmbad. Und dann eine Weile bei den Emigranten, die vorn im Schiff, dem einsam daliegenden Meer zugewandt, Ziehharmonika spielen und singen. Wieder fällt mir unter ihnen eine Frau auf, die schon leicht ergraut, aber von einem prächtigen Schlag ist, mit einem schönen, stolzen und zugleich sanften Gesicht, mit Händen und Handgelenken wie Pflanzenstengeln und einer unvergleichlichen Haltung. Ihr Mann, ein großer blonder schweigsamer Mensch, folgt ihr auf Schritt und Tritt. Erkundigungen, die ich eingeholt habe, zufolge ist sie auf der Flucht aus Polen und vor den Russen und auf dem Weg ins südamerikanische Exil. Sie ist arm. Aber bei ihrem Anblick muß ich an die wohlgekleideten Trampel denken, die einige der Kabinen erster Klasse innehaben. Ich habe mich noch nicht getraut, die Frau anzusprechen.

Ruhiger Tag. Abgesehen von dem großen Diner mit Champagner zur Feier der Überquerung des Äquators. Eine aus mehr als vier Leuten bestehende Gesellschaft ist für mich schwer zu ertragen. Eine Geschichte von Madame C.: Ihre Großmutter: «Ach, wissen Sie, ich – ich habe im Leben alle Dinge nur gestreift.» Ihr Großvater: «Nun, meine Liebe, Sie haben mir immerhin zwei Söhne geschenkt!»

Nach dem Abendessen wird den Passagieren der Genuß eines Films mit Laurel und Hardy geboten. Aber ich fliehe nach vorn, um den Mond zu betrachten und das Kreuz des Südens, dem wir unaufhaltsam entgegenziehen. Überrascht, nur so wenige und fast anämische Sterne zu sehen an diesem südlichen Himmel. Ich denke an unsere algerischen Nächte mit ihrem Sternengewimmel.

Lange Zeit auf das Meer hinausgeschaut. Allen meinen Bemühungen und meinen vernünftigen Überlegungen zum Trotz vermag ich nicht diese Traurigkeit abzuschütteln, die ich nicht einmal mehr begreife.

11. Juli

Der Tag bricht an, tief im schwarzen Topf, unter prasselndem Regen. Ganze Sturzseen fegen mit ihren Wassermassen über die Decks, aber die Temperatur bleibt erstickend und tot. Mittags hellt sich der Himmel auf, aber das Meer ist stürmisch, und das Schiff stampft und schlingert. Einige Gäste fehlen am Mittagstisch. Gearbeitet. Schlecht. Gegen Abend belädt der Himmel sich nach und nach aufs neue mit Wolken und wird von Minute zu Minute undurchdringlicher. Die Nacht bricht herein, sehr schnell, über einem tintenschwarzen Meer.

12. Juli

Regen, Wind, wütendes Meer. Kranke. Das Schiff arbeitet sich, vom Rauch der Gischt umgeben, vorwärts. Geschlafen und gearbeitet. Am späten Nachmittag kommt die Sonne zum Vorschein. Wir sind schon in der Höhe von Pernambuco und eilen der Küste entgegen. Am Abend bedeckt sich der Himmel wieder. Tragische Wolken kommen uns vom Kontinent her entgegen – Boten eines erschreckenden Landes. Dieser Gedanke kommt mir unvermittelt und weckt wieder das absurde Vorgefühl, das ich vor dieser Reise hatte. Aber die Sonne wird alles auflösen.

13. Juli

Eine strahlende Sonne überschwemmt unaufhaltsam die Weiten des Meeres. Und das ganze Schiff ist in blendendes Licht getaucht. Schwimmbad, Sonne. Und ich arbeite den ganzen Nachmittag. Der Abend ist frisch und friedlich. In zwei Tagen kommen wir an. Plötzlich erschreckt mich der Gedanke ein wenig, dieses Schiff zu verlassen, diese enge Kabine, wo ich meinem von allem abgekehrten Herzen während langer Tage Zuflucht bieten konnte, dieses Meer, das mir so sehr geholfen hat. Wieder anfangen zu leben, zu sprechen. Menschen, Gesichter, eine Rolle spielen, dazu braucht es mehr Mut, als ich in mir fühle. Zum Glück bin ich physisch in bester Form. Und doch gibt es Augenblicke, in denen ich den Gesichtern der Menschen ausweichen möchte.

Spät am Abend, auf dem schlafenden Schiff, betrachte ich die Nacht. Der seltsame südliche Mond, an seinem Scheitel abgeflacht, beleuchtet die Wasser nach Süden hin. Man stellt sich diese Tausende von Kilometern vor, diese Einsamkeiten, wo die schweren, schimmernden Wasser gleichsam eine ölige Scholle bilden. Dies wenigstens wäre der Friede.

14. Juli

Ständig schönes Wetter. Ich beende meine Arbeit, zumindest soweit ich sie auf dem Schiff zu tun vermochte, indem ich auf das übrige verzichtete. Am Nachmittag taucht in ein paar hundert Meter Entfernung ein riesiges schwarzes Tier an der Oberfläche des Wassers auf, reitet auf ein paar Wellen und spritzt zwei Strahlen Wasserstaub in die Luft. Der Barkellner neben mir versichert, es sei ein Wal. Und gewiß, die Größe, die gewaltige Kraft beim Schwimmen, das Aussehen des einsamen Tieres ... aber ich bleibe skeptisch. Am Nachmittag Post und Koffer. Am Abend Empfang beim Kapitän und Diner anläßlich des 14. Juli. Zum erstenmal ein Sonnenuntergang ohne Dunst. Rechts und links von der Sonne zeigen sich, schwarz und ausgezackt, die ersten Vorberge Brasiliens. Wir tanzen, unterschreiben auf Speisekarten, tauschen Visitenkarten aus und versprechen einander, uns alle wiederzusehen – welch naiver Glaube! Morgen wird jeder jeden vergessen haben. Ich lege mich spät schlafen, müde und indem ich mir vernünftig zurede, dieses Land gelösteren Geistes zu betreten.

15. Juli

Um vier Uhr morgens weckt mich lauter Betrieb auf dem oberen Deck. Ich gehe hinaus. Noch ist Nacht. Aber die Küste ist ganz nahe: schwarze und regelmäßige, stark ausgezackte Bergrücken, aber die Zacken sind rund – die uralten Profile eines der ältesten Länder der Erde. In der Ferne Lichter. Wir fahren an der Küste entlang, während die Nacht heller wird, das Wasser ist kaum gekräuselt. Eine weite Drehung, und die Lichter sind jetzt vor uns, aber noch weit weg. Ich gehe in meine Kabine zurück. Als ich wieder an Deck komme, sind wir schon in der riesigen, im anbrechenden Tag ein wenig dampfenden Bucht mit ihren unvermittelten Verdichtungen von Licht – den Inseln. Der Dunst löst sich schnell auf. Und wir erblicken die Lichter von Rio, während wir die Küste entlanggleiten, den «Zukkerhut» mit vier Lichtern auf seiner Spitze und, auf dem höchsten Gipfel der Berge, die die Stadt zu erdrücken scheinen, einen riesigen und bedauerlichen leuchtenden Christus. Als es Tag wird, sehen wir deutlicher die zwischen dem Meer und den Bergen eingeschlossene Stadt, die, weit ausgebreitet, sich endlos in die Länge zieht. Im Zentrum riesige Gebäude. Alle paar Minuten ein Grollen über uns: Ein Flugzeug startet in den anbrechenden Tag, verschmilzt zuerst mit der Erde, erhebt sich dann in unsere Richtung und fliegt unter lautem Rauschen der Flügeldecken über unsere Köpfe hinweg. Wir befinden uns in der Mitte der Reede, und die Berge bilden rings um uns einen beinahe vollkommenen Kreis. Endlich verkündet ein Licht von blutigerem Rot das Aufgehen der Sonne, die sich der Stadt gegenüber hinter den Bergen im Osten erhebt und in einem bleichen, kühlen Himmel emporzusteigen beginnt. Der Reichtum und Prunk der Farben, die nun über der Bucht, auf den Bergen und am Himmel spielen, lassen alle noch einmal verstummen. Eine Minute später – die Farben scheinen die gleichen, aber jetzt ist es die Postkarte. Die Natur verabscheut Wunder, die zu lange dauern.

Formalitäten. Dann gehen wir an Land. Und sofort der Wirbel, den ich befürchtet hatte. Journalisten waren bereits an Bord gekommen. Fragen, Photos. Weder schlimmer noch besser als anderswo. Aber kaum bin ich in Rio, wo ich von Madame M. und einem hochgewachsenen brasilianischen Journalisten empfangen werde, dem ich schon in Paris begegnet bin, sehr sympathisch, beginnt der Leidensweg. In der Verwirrung eines ersten Tages notiere ich aufs Geratewohl:

1. Man läßt mir die Wahl zwischen einem Zimmer im menschenleeren Gebäude der Botschaft und einem Lu-

xushotel, wie es sie überall gibt. Ich fliehe die häßliche Fassade des Luxushotels und beglückwünsche mich dazu, als ich das einfachste und bezauberndste aller Zimmer in einem absolut leeren Amtsgebäude vorfinde.

2. Die brasilianischen Autofahrer sind fröhliche Irre oder kaltblütige Sadisten. Das Durcheinander und die Anarchie dieses Verkehrs haben als Gegengewicht nur ein einziges Gesetz: um jeden Preis als erster ankommen.

3. Der eindrucksvollste Kontrast ist der zwischen dem zur Schau gestellten Luxus der großen Hotels und modernen Bürogebäude und den *favelas*, hundert Meter von dem Luxus entfernt, Bretterbuden, die am Hang der Hügel kleben, ohne Wasser und ohne Licht, wo eine elende schwarze und weiße Bevölkerung lebt. Die Frauen holen das Wasser am Fuß der Hügel, wo sie Schlange stehen, und bringen ihren Vorrat in Blechkanistern, die sie auf dem Kopf tragen wie die Frauen der Kabylen. Während sie warten, rollen in einer ununterbrochenen Reihe die vernickelten geräuschlosen Tiere der amerikanischen Automobilindustrie an ihnen vorbei. Nie sind mir Luxus und Elend so unverschämt vermischt vorgekommen. Es stimmt, daß «sie sich wenigstens viel vergnügen», wie einer meiner Begleiter sich ausdrückt. Bedauern und Zynismus – B. ist der einzige Großzügige. Er will mich in die *favelas* führen, die er gut kennt: «Ich war Kriminalberichterstatter und Kommunist», sagt er. «Zwei gute Voraussetzungen, um die Elendsquartiere zu kennen.»

4. Die Menschen. Mittagessen mit Madame M., B. und einem hageren, belesenen und geistreichen Notar, von dem ich nur den Vornamen behalten habe, und das mit gutem Grund: Annibal – in einem Country Club, der seinen Namen zu Recht trägt: Tennis, Rasenflächen, junge Leute. Annibal hat sechs Töchter, alle hübsch. Er versichert, daß die Mischung von Religion und Liebe in Brasilien höchst interessant ist. Einem brasilianischen Literaten, der Baudelaire übersetzt hatte, telegraphierte er:

«Bitte mich unverzüglich ins Französische zurückübersetzen. Gezeichnet: Baudelaire.» Er ähnelt stark jenen sehr vornehmen Spaniern, denen man in der tiefsten Provinz begegnet.

5. Eines der drei oder vier brasilianischen Kriegsschiffe, das mir gezeigt wurde und das mir ein bißchen veraltet scheint, trägt den Namen *Terror do Mondo*. Es hat mehrere Revolutionen mitgemacht.

6. Die Menschen. Nach dem Mittagessen Empfang bei Madame M. Schöne Wohnung oberhalb der Reede. Der Nachmittag liegt sanft über dem Wasser. Viele Menschen, deren Namen ich jedoch vergesse. Ein Molière-Übersetzer, von dem ein wohlmeinender Kollege mir sagt, daß er zum *Eingebildeten Kranken* einen Akt hinzugefügt habe, weil das Stück nicht lang genug war für einen Theaterabend. Ein polnischer Philosoph, vor dem der Himmel mich bewahren wird, falls er mir wohlgesinnt ist. Ein mit einer Mission betrauter junger französischer Biologe, furchtbar nett. Und vor allem die jungen Leute von einer schwarzen Schauspielertruppe, die *Caligula* auf die Bühne bringen wollen und denen ich verspreche, mit ihnen zu arbeiten. Dann gehe ich mit demjenigen von ihnen, der spanisch spricht, beiseite, und in meinem schreckichen Spanisch vereinbare ich mit ihm, daß wir am Sonntag zu einem Negerball gehen. Er ist entzückt von diesem schönen Streich, den wir den Offiziellen spielen, und sagt immer wieder: «Segreto. Segreto.»

7. Als ich gerade meine, daß alles zu Ende ist, verkündet mir Madame M., daß ich mit einem brasilianischen Dichter zu Abend essen werde. Ich sage nichts, nehme mir aber fest vor, von morgen an alles abzuwimmeln, was nicht unbedingt notwendig ist. Und ich ergebe mich in mein Schicksal. Aber ich war nicht auf die Prüfung gefaßt, die mich erwartete. Der Dichter erscheint, riesig, lässig, mit zusammengekniffenen Augen und hängendem Mund. Von Zeit zu Zeit überkommt ihn eine Unruhe, eine plötz-

liche Erregung, dann wirft er sich in seinem Sessel zurück und keucht ein wenig. Er steht auf, dreht sich um sich selbst, kehrt wieder zu seinem Sessel zurück. Er spricht von Bernanos, Mauriac, Brisson, Halévy. Er kennt offenbar alle Welt. Man ist gemein gewesen zu ihm. Er macht keine brasilianisch-französische Politik, aber er hat mit Franzosen zusammen eine Düngemittelfabrik gegründet. Übrigens ist er mit keinem Orden ausgezeichnet worden. Man hat allen Feinden Frankreichs in diesem Land Orden verliehen. Nur ihm nicht, und so weiter und so fort.

Er träumt einen Augenblick vor sich hin, leidet sichtlich ich weiß nicht woran und überläßt schließlich das Wort dem Señorito, der es begierig ergreift. Denn es gibt hier einen Señorito, ähnlich denen, die in Palma de Mallorca[6] in der Calle Mayor hochbeinige Hunde spazierenführten, ehe sie loszogen, um mit Kennermiene den Hinrichtungen von '36 beizuwohnen. Dieser hier duldet keine Widerrede, ich muß dies sehen, das machen, Brasilien ist ein Land, in dem nur gearbeitet wird, keine Laster, man hat auch gar keine Zeit dafür, man arbeitet, man arbeitet, und Bernanos hat ihm gesagt, und Bernanos hat in diesem Land einen Lebensstil geschaffen, ah, wir lieben Frankreich so sehr...

Erschreckt von der Aussicht auf dieses Turnier, mobilisiere ich den jungen Biologen, daß er mit uns essen kommt. Im Auto bitte ich darum, daß wir nicht in ein Luxusrestaurant gehen. Und der Dichter taucht empor aus seinen 150 Kilo und sagt mit erhobenem Finger: «Es gibt keinen Luxus in Brasilien. Wir sind arm, bettelarm», und dabei tätschelt er liebevoll die Schulter des goldbetreßten Chauffeurs, der seinen riesigen Chrysler fährt. Nachdem der Dichter gesprochen hat, seufzt er schmerzlich und sinkt wieder in seine Fleischnische zurück, wo er zerstreut an einem seiner Komplexe zu nagen beginnt. Der Señorito zeigt uns Rio, das auf dem gleichen Breitengrad liegt wie Madagaskar und so viel schöner ist als Tananarive. «Alles

Arbeiter», wiederholt er, auf sein Polster hingegossen. Doch der Dichter läßt seinen Wagen vor einer Apotheke anhalten, hievt sich mühsam aus seinem Sitz und bittet uns um einen Augenblick Geduld, denn er will sich eine Spritze geben lassen. Wir warten, und der Señorito bemerkt: «Der Ärmste, er hat Zucker.» Letarget erkundigt sich höflich: «Und wird es schlimmer?» – «O ja! Es wird schlimmer.» Der Dichter kehrt ächzend zurück und sinkt in sich zusammen auf seinem armen Polster in seinem bettelarmen Wagen. Wir landen in einem Restaurant in der Nähe der Markthallen – wo man nur Fisch ißt –, in einem sehr hohen viereckigen Saal, der so grell mit Neon beleuchtet ist, daß wir alle wie bleiche Fische aussehen, die sich in einem unwirklichen Wasser bewegen. Der Señorito will mir ein Menü zusammenstellen. Aber ich bin erschöpft, möchte nur eine Kleinigkeit essen und lehne alles, was er mir vorschlägt, ab. Man serviert zuerst dem Dichter, der zu essen anfängt, ohne auf uns zu warten, und sich zuweilen statt der Gabel seiner kurzen dicken Finger bedient. Er spricht von Michaux, Supervielle, Béguin etc., und unterbricht sich hin und wieder, um von hoch oben Gräten und Fischstückchen in seinen Teller zu spucken. Ich sehe zum erstenmal, wie man dies bewerkstelligt, ohne den Rücken zu beugen. Er ist im übrigen erstaunlich geschickt und verfehlt seinen Teller nur ein einziges Mal. Aber jetzt wird uns serviert, und ich stelle fest, daß der Señorito gebackene Garnelen für mich bestellt hat, die ich zurückweise, indem ich ihm mit einer, wie ich meine, liebenswürdigen Lebhaftigkeit erkläre, daß ich dieses Gericht, das in Algerien ganz alltäglich sei, kenne. Darüber ärgert der Señorito sich schwarz. Man versuche ja nur, mir Freude zu bereiten, das sei alles. Und zudem in aller Bescheidenheit, in aller Bescheidenheit. Man soll nicht in Brasilien suchen, was ich schon in Frankreich habe, etc., etc. Nicht zuletzt auf Grund meiner Erschöpfung überkommt mich ein stupider Zorn, und ich schiebe schon meinen Stuhl zurück, um zu gehen. Letargets liebenswürdig vermittelnde Worte und auch die Sympathie, die ich trotz allem für diese merkwürdige Dichtergestalt empfinde, halten mich zurück, und ich gebe mir die größte Mühe, mich zu beruhigen. «Ah», sagt der Dichter, seine Finger ableckend, «mit Brasilien muß man sehr viel Geduld haben, sehr viel Geduld.» Ich sage nur, und das ist meine ganze Rache, daß ich ihrer bis dahin nicht ermangelt zu haben meinte. Daraufhin beruhigt sich der Señorito ebenso schnell und ebenso grundlos, wie er sich aufgeregt hat, und in einem Geist der Wiedergutmachung überhäuft er mich mit Komplimenten, bei denen es mir die Sprache verschlägt. Ganz Brasilien fiebere vor Erwartung. Mein Kommen sei das wichtigste Ereignis in diesem Land seit einer ganzen Reihe von Jahren. Ich sei hier ebenso berühmt wie Proust... Er ist nicht mehr zu halten. Aber zum Schluß sagt er: «Ebendeshalb müssen Sie Geduld haben mit Brasilien. Brasilien braucht Ihre Geduld. Geduld, ja, Geduld muß man mit Brasilien haben...» und so fort. Trotz allem verläuft die Mahlzeit nunmehr in Ruhe und Frieden, auch wenn der Dichter und der Señorito unablässig auf portugiesisch leise Bemerkungen machen, denen ich zu entnehmen glaube, daß man sich ein wenig über mich beschwert. Im übrigen werden diese rüpelhaften Manieren so selbstverständlich zur Schau getragen, daß sie schon wieder liebenswürdig werden. Beim Verlassen des Restaurants erklärt der Dichter, daß er einen Kaffee braucht und uns anschließend nach Hause fahren wird. Wir begeben uns in seinen Club, der die englischen Clubs kopiert und wo ich mich darein schicke, einen «echten» Cognac zu trinken, nach dem es mich überhaupt nicht gelüstet. Der Señorito nutzt die Gelegenheit, um uns die administrativen Schwierigkeiten des *Figaro* zu erläutern, die mir wohlbekannt sind und von denen er in einem apodiktischen Ton eine völlig falsche Darstellung gibt. Aber Chamfort hat recht: Wenn man in der Welt gefallen möchte, muß man bereit sein, sich sehr viele Dinge, die man weiß, von Leuten, die nichts davon verstehen, erklären zu lassen. Ich gebe nun doch das Zeichen zum Aufbruch, nicht ohne daß der Señorito triumphierend auf den Dichter, der tief in seinem Sessel liegt und dessen wie ein Periskop herausragende Hand eine monströse Zigarre hält, gewiesen und gesagt hat: «S. ist der größte Dichter Brasiliens.» Worauf der Dichter schwach das Periskop bewegt und mit schmerzlicher Stimme erwidert: «Es gibt keinen größten Dichter Brasiliens.» Ich glaube, nun sei alles überstanden, als der Dichter in der Halle plötzlich eine gewisse Energie wiederfindet, heftig meinen Arm umschließt und sagt: «Rühren Sie sich nicht. Beobachten Sie mit weit offenen Augen. Ich will Ihnen eine Gestalt für einen Ihrer Romane zeigen.» Wir erblicken auf dem Trottoir einen kleinen, schmächtigen Mann, schiefer Filzhut, verdrießliche Miene. Der Dichter stürzt sich auf ihn, verschluckt ihn in einer langen brasilianischen Umarmung und sagt zu mir: «Hier sehen Sie einen Mann. Er ist Abgeordneter aus dem Innern des Landes. Aber er ist ein ganzer Mann.» Der andere entgegnet, daß Federico allzu gütig sei. Jetzt kommt der Señorito an die Reihe. Erneute Umarmung, diesmal zwischen gleich und gleich, da der Señorito ein Federgewicht ist. Und der Señorito knöpft die Jacke des Abgeordneten auf: «Schauen Sie.» Der Abgeordnete trägt einen Revolver in einem schönen Futteral. Wir verabschieden uns... «Er hat über vierzig Leute getötet», sagt der Dichter voller Bewunderung. «Und warum?» – «Feinde.» Oh! «Ja, er hat erst einen getötet, ihn dann als Schutzwall benutzt und hat die anderen getötet!» – «Das Tragen von Waffen ist erlaubt», sagt Letarget, ohne mit der Wimper zu zucken. – «Für ihn, denn er ist Abgeordneter», sagt der Dichter und fügt mit einem Blick auf mich hinzu: «Nicht wahr, er ist eine Gestalt für Sie?» – «Ja», sage ich. Aber er irrt sich, er selbst ist die Gestalt.

16. Juli

Früh aufgestanden. Gearbeitet. Ich bringe meine Notizen ins reine. Gespräch mit dem Amtsgehilfen, der hier für mich sorgt. Er stammt aus Nizza und möchte nach Nordamerika gehen, weil er die G.I.s so sympathisch gefunden hat. Da er kein Einwanderungsvisum erlangen konnte, ist er nach Brasilien gekommen, weil er dachte, es werde hier leichter sein, das erforderliche Visum zu erhalten. Es ist nicht leichter. Ich frage ihn, was er denn in den USA machen will. Er schwankt noch zwischen Boxen und Singen. Vorerst trainiert er als Boxer. Am Montag will ich ihn zum Training begleiten.

Mittagessen mit Barleto bei einer brasilianischen Schriftstellerin und Übersetzerin. Ein zauberhaftes, an einem Hügel klebendes Haus. Natürlich sind viele Leute da, darunter ein Schriftsteller, der die brasilianischen *Buddenbrooks* geschrieben haben soll, der aber ein merkwürdiger Fall von Halbbildung ist. Wenn ich B. glauben darf, kann man ihn sagen hören «englische Autoren wie Shakespeare, Byron oder David Copperfield». Dabei ist er sehr belesen. Da es mir gleichgültig ist, wenn er David mit Charles verwechselt, finde ich einfach seinen Kopf wunderschön. Zum Mittagessen ein brasilianisches Kuskus, das in Wirklichkeit ein Fischkuchen ist. Die Gäste äußern sich verwundert, als ich darum bitte, ein Fußballspiel sehen zu dürfen, und sie geraten buchstäblich außer sich, als sie erfahren, daß ich eine lange Karriere als Fußballer hinter mir habe. Ich bin, ohne es zu wollen, auf ihre Hauptleidenschaft gestoßen. Dabei übersetzt die Dame des Hauses Proust, und alle Anwesenden sind mit der französischen Kultur wirklich vertraut. Anschließend schlage ich B. vor, mit mir durch die Stadt zu bummeln.

Die kleinen, für den Autoverkehr verbotenen Straßen, fröhlich beleuchtet von bunten Lichtreklamen, sind Häfen des Friedens unmittelbar neben den großen Hauptstraßen mit ihrem dröhnenden Verkehr. So als würde die Rue Saint-Honoré zwischen Concorde, der Madeleine und der Avenue de l'Opéra für Autos verboten. Der Blumenmarkt. Kleine Bar, wo man, auf winzigen Stühlen sitzend, die «kleinen Kaffees» trinkt. Maurische Häuser neben Wolkenkratzern. Danach überredet mich Barleto, eine kleine Straßenbahn im Stil eines «Gemüsewagens» zu besteigen, die, einem steilen Weg folgend, die Hügel der Stadt erklimmt. Wir gelangen in ein zugleich armes und luxuriöses Viertel, das die Stadt überblickt. Im zu Ende gehenden Abend erstreckt sich die Stadt bis an den Horizont. Unzählige bunte Lichtreklamen dampfen über ihr. Vor dem sanften Himmel heben sich die Umrisse von Hügeln ab, die in den Strahl hoher Palmen münden. Dieser Himmel hat eine Zartheit und eine kaum abweisende Wehmut. Wir gehen zu Fuß über Treppen und abschüssige kleine Straßen wieder hinunter und gelangen mitten in die Stadt. In der ersten richtigen Straße, die uns empfängt, ein positivistischer Tempel. Hier wird Clotilde de Vaux[7] verehrt, und ausgerechnet in Brasilien lebt Auguste Comte in seinen verwirrendsten Werken fort. Etwas weiter entfernt eine gotische Kirche in Stahlbeton. Der Tempel seinerseits ist griechisch. Aber da es an Geld fehlte, sind die Säulen ohne Kapitelle geblieben. Ein kleines Bistro, wo wir mit B. N. plaudern. Ein bezaubernder, manchmal tiefsinniger Mensch («Wenn man sich unablässig der Sonne aussetzt und seine Haut bräunt, geht am Ende eine gewisse Unschuld verloren»), der das Drama der Zeit, wie mir scheint, mit großer Würde durchlebt. Ich verlasse ihn, um Abdias, den schwarzen Schauspieler, zu treffen bei Madame Mineur, von dort aus wollen wir gemeinsam zu einer *macumba* gehen.

Eine macumba *in Brasilien*[8]

Als ich zu Madame M. komme, herrscht Besorgnis. Der Vater der Heiligen (Priester und erster Tänzer), der die *macumba* veranstalten sollte, hat den Heiligen des Tages befragt, der seine Einwilligung versagt hat. Abdias, der schwarze Schauspieler, glaubt vor allem, daß er nicht genug Geld versprochen hat, um der Gutwilligkeit des Heiligen nachzuhelfen. Er ist der Ansicht, wir sollten trotzdem eine Expedition nach Caxias, einem vorstädtischen Dorf, 40 km von Rio entfernt, wagen und dort auf gut Glück nach einer *macumba* suchen. Beim Abendessen lasse ich mir erklären, was es mit den *macumbas* auf sich hat. Es sind Zeremonien, deren Zweck stets der gleiche scheint: durch Tänze und Gesänge zu erreichen, daß Gott in einen herabsteigt. Das Ziel ist die Trance. Was die *macumba* von anderen Zeremonien unterscheidet, ist die Mischung aus katholischer Religion und afrikanischen Riten. An Göttern oder Heiligen gibt es Eshu, Geist des Bösen und afrikanischer Gott, aber auch Ogun, der unserem heiligen Georg entspricht. Es gibt auch die Heiligen Kosmas und Damianus etc., etc. Die Verehrung der Heiligen ist hier Bestandteil von Besessenheitsriten. Jeder Tag hat seinen Heiligen der an keinem anderen Tag gefeiert wird, es sei denn mit einer Sondererlaubnis des obersten «Vaters der Heiligen». Der Vater der Heiligen hat seine Töchter (und vermutlich auch seine Söhne), deren Trance er zu überwachen hat.

Mit diesen elementaren Hinweisen versehen, brechen wir auf. 40 km in einer Art Dunst. Es ist 10 Uhr abends. Caxias wirkt auf mich wie ein aus Buden zusammengesetztes Ausstellungsdorf. Wir halten auf dem Dorfplatz, wo sich schon über zwanzig Autos befinden und sehr viel mehr Leute, als wir erwartet hatten. Kaum haben wir angehalten, kommt ein junger Mulatte auf mich zugestürzt und hält mir eine Flasche Aguardiente hin, wobei er mich fragt, ob ich Tarrou mitgebracht hätte. Er lacht schallend, scherzt, stellt mich Kameraden vor. Er ist Dichter. Schließlich erfahre ich, in Rio habe sich herumgesprochen, daß man mir eine *macumba* zeigen wollte (dabei hatte man mir Verschwiegenheit empfohlen, ich hatte mich auch unschuldig daran gehalten), und viele Leute hätten davon profitieren wollen. Abdias erkundigt sich, dann rührt er sich nicht mehr. Wir bleiben mitten auf dem Platz stehen und plaudern. Kein Mensch scheint sich weiter um irgend etwas zu kümmern, und jedermann hängt seinen Träumen nach. Unvermittelt allgemeiner Aufruhr. Abdias erklärt mir, daß wir in die Berge fahren müssen. Wir steigen ein, holpern ein paar Kilometer über eine ausgefahrene Straße und halten plötzlich ohne erfindlichen Grund. Alles wartet, ohne daß irgend jemand sich um irgend etwas zu kümmern scheint. Dann fahren wir weiter. Der Wagen geht auf einmal in eine Kurve von fünfundvierzig Grad und fährt nun einen Bergpfad hinauf. Er klettert mühsam höher, dann bleibt er stehen: Der Hang ist zu steil. Wir steigen aus und gehen zu Fuß. Der Hügel ist kahl, die Vegetation karg, aber es ist, als befänden wir uns hoch hoben im Himmel, mitten unter den Sternen. Die Luft riecht nach Rauch. Sie ist so schwer, daß man den Eindruck hat, sie mit der Stirn zu berühren. Auf der Hügelkuppe angekommen, hören wir in ziemlicher Entfernung Trommeln und Gesang, doch beides hört fast augenblicklich auf. Wir gehen in die Richtung, aus der die Geräusche kamen. Keine Bäume, keine Häuser – es ist eine Einöde. Aber in einer Mulde erblicken wir eine Art Hangar, ziemlich geräumig, ohne Mauern, mit sichtbarem Holzgerippe. Papiergirlanden sind durch den Schuppen gespannt. Plötzlich sehe ich einen langen Zug schwarzer Mädchen, die zu uns heraufsteigen. Sie tragen weiße Kleider aus grober Seide, die Taille in der Höhe der Hinterbacken. Ihnen folgt ein Mann in einem roten Kasack, der Halsketten aus bunten Zähnen trägt. Abdias hält ihn an und stellt mich vor. Die

Begrüßung ist ernst und freundschaftlich. Aber es gibt eine Schwierigkeit. Sie sind auf dem Weg zu einer anderen *macumba*, die zwanzig Minuten zu Fuß entfernt ist, und wir müßten ihnen folgen. Wir brechen auf. Ich habe noch Zeit genug, um an einem Kreuzweg eine brennende Kerze, die mitten in der Erde steckt, und so etwas wie Nischen zu sehen, in denen Heiligen- oder Teufelsstatuen (sehr plump im übrigen und im Stil von Saint-Sulpice) vor einer Kerze und einem Napf mit Wasser hocken[9]. Man zeigt mir Eshu, rot und wild, mit einem Messer in der Hand. Der Pfad, dem wir folgen, schlängelt sich durch die Hügel unter dem sternenübersäten Himmel. Die Tänzer und Tänzerinnen gehen lachend und scherzend vor uns her. Wir steigen einen Hügel wieder hinab, überqueren die Straße, auf der wir gekommen sind, und ersteigen einen anderen Hügel. Hütten aus Zweigen und Lehm, voller flüsternder Schatten. Dann macht die Spitze der Prozession halt vor einer erhöhten und von einer Wand mit Schilfrohr umgebenen ebenen Fläche. Drinnen hört man Trommeln und Gesang. Als wir alle versammelt sind, steigen die ersten Frauen zu der Fläche hinauf und betreten sie, rückwärts gehend, durch die Schilfpforte. Dann folgen die Männer. Wir betreten einen Hof voller Abfälle. Vor uns ein kleines Haus aus Stroh und Lehm, aus dem Gesang dringt. Wir treten ein. Es ist eine ziemlich grob gebaute Hütte, doch die Wände sind verputzt. Das Dach wird von einem Mittelpfosten gestützt, der Boden ist aus gestampfter Erde. Ein kleiner angebauter Schuppen im Hintergrund beherbergt einen Altar mit einem Farbdruck darüber, auf dem der heilige Georg abgebildet ist[10]. Ähnliche Farbdrucke schmücken die Wände. In einer Ecke, auf einem kleinen, mit Palmblättern geschmückten Podium, die Musiker: zwei niedrige Trommeln und eine lange Trommel. Bei unserer Ankunft waren schon ungefähr vierzig Tänzerinnen und Tänzer da. Wir sind ebenso viele Menschen und können, dicht aneinandergedrängt, nur mit Mühe atmen. Ich presse mich an eine Wand und schaue zu. Die Tänzer und Tänzerinnen stellen sich in zwei konzentrischen Kreisen auf, die Männer bilden den inneren. Die beiden Väter der Heiligen (der, der uns empfängt, trägt wie die Tänzer eine Art weißen Pyjama) stehen einander im Mittelpunkt der Kreise gegenüber. Sie singen, nacheinander, die ersten Töne eines Liedes, in das alle sogleich im Chor mit einstimmen, während die Kreise sich im Uhrzeigersinn drehen. Es ist ein sehr einfacher Tanz: ein Auf-der-Stelle-Treten, zu dem die doppelte Wellenbewegung der Rumba hinzukommt. Die «Väter» ihrerseits geben andeutungsweise den Rhythmus an. Mein Übersetzer aus dem Portugiesischen erklärt mir, daß diese Gesänge den Heiligen bitten, den Neuankömmlingen zu erlauben, daß sie an diesem Ort verweilen. Die Pausen zwischen den einzelnen Gesängen sind ziemlich lang. In der Nähe des Altars schwingt eine Frau, die ebenfalls singt, nahezu ununterbrochen ein Glöckchen. Der Tanz hat absolut nichts Frenetisches. In seinem etwas dürftigen Stil ist es ein schwerer und sehr nachdrücklicher Tanz. In der noch zunehmenden Hitze sind die Pausen schwer zu ertragen. Ich bemerke:

1. daß die Tänzer allem Anschein nach nicht im geringsten schwitzen;

2. einen Weißen und zwei weiße Frauen, die im übrigen schlechter tanzen als die anderen.

Auf einmal kommt einer der Tänzer und sagt etwas zu mir. Mein Dolmetscher erklärt mir, daß ich gebeten werde, die Arme nicht zu verschränken, da diese Haltung den Geist daran hindere, zu uns herabzusteigen. Gehorsam lasse ich die Arme hängen. Nach und nach werden die Pausen zwischen den Gesängen kürzer, und der Tanz wird lebhafter. Jemand bringt eine brennende Kerze, die in der Mitte, neben einem Glas Wasser, in die Erde gesteckt wird. Die Gesänge rufen den heiligen Georg an.

«Er kommt im Licht des Monds
Er geht im Licht der Sonne»

und weiter:

«Ich bin das Schlachtfeld des Gottes.»

Tatsächlich lassen ein oder zwei Tänzer schon Anzeichen von Trance erkennen, aber von einer ruhigen Trance, wenn ich so sagen darf: die Hände auf den Hüften, der Schritt steif, das Auge starr und blicklos[11]. Der rote «Vater» gießt das Wasser in zwei konzentrischen Kreisen um die Kerze, und die Tänze beginnen erneut, fast ohne Unterbrechung. Von Zeit zu Zeit verlassen ein Tänzer oder eine Tänzerin ihren Kreis, um im Innern zu tanzen, ganz nahe an den Wasserkreisen, doch ohne sie je zu überschreiten. Dann beschleunigen sie ihren Rhythmus, verrenken sich zuckend und beginnen, unartikulierte Schreie auszustoßen. Erstickend steigt der Staub vom Boden auf und macht die Luft dick, die so schon an der Haut klebt. Immer zahlreicher werden die Tänzer, die ihren Kreis verlassen und um die Väter tanzen, die ihrerseits schneller tanzen (der weiße Vater ganz wunderbar). Die Trommeln dröhnen jetzt rasend, und mit einem Schlag legt der rote Vater los[12]. Mit flammendem Blick, die vier Gliedmaßen um den Körper herumwirbelnd, hüpft er mit gebeugten Knien von einem Bein aufs andere und beschleunigt seinen Rhythmus bis ans Ende des Tanzes, wo er jäh innehält, um alle Anwesenden mit einer starren, schrecklichen Miene anzublicken. In diesem Moment kommt aus einem dunklen Winkel ein Tänzer hervor, kniet nieder und reicht ihm ein Schwert in seiner Scheide. Der rote Vater zieht das Schwert und läßt es mit drohender Gebärde um sich herumwirbeln. Man bringt ihm eine riesige Zigarre. Alle zünden sich nach und nach Zigarren an und rauchen sie beim Tanzen. Der Tanz beginnt von neuem. Einer nach dem andern kommen die Teilnehmer und legen sich vor dem Vater hin, mit dem Kopf zwischen seinen Füßen. Er schlägt sie mit der flachen Klinge schräg auf beide Schultern, hebt sie auf, berührt ihre linke Schulter mit seiner rechten und umgekehrt; dann stößt er sie heftig in den Reigen zurück, eine Bewegung, die jeweils bei zwei von drei Tänzern die sich bei jedem verschieden äußernde Krise auslöst: Ein großer Neger, der wie aufgepflanzt dasteht und mit leerem Blick auf den Mittelpfosten starrt, hat nur ein Zittern im Nacken, das ihn unablässig überläuft. Ich finde, er sieht aus wie ein Boxer *knocked down*. Eine dicke Weiße mit einem Tiergesicht bellt unaufhörlich und rückt den Kopf von rechts nach links[13]. Aber einige junge Negerinnen geraten in die fürchterlichste Trance, ihre Füße kleben am Boden, und der ganze Körper wird von Zuckungen durchlaufen, die immer heftiger werden, je mehr sie sich den Schultern nähern. Der Kopf bewegt sich seinerseits von vorn nach hinten und scheint buchstäblich vom Rumpf abgetrennt. Alle schreien und brüllen. Dann fangen die Frauen an umzufallen. Sie werden aufgehoben, jemand preßt die Hand auf ihre Stirn, und sie machen weiter, bis sie wieder umfallen. Der Höhepunkt ist erreicht, als alle mit seltsamen heiseren Tönen, die an ein Bellen erinnern, durcheinanderschreien. Man sagt mir, daß dies bis zum Morgen unverändert so weitergehen wird. Jetzt ist es 2 Uhr früh. Die Hitze, der Staub und der Zigarrenrauch, die menschlichen Ausdünstungen – die Luft ist nicht mehr zu atmen. Selber taumelnd, gehe ich hinaus und atme endlich mit Genuß die frische Luft ein. Ich liebe die Nacht und den Himmel, mehr als die Götter der Menschen.

17. Juli

Vormittags gearbeitet. Ich esse mit G. und zwei brasilianischen Professoren zu Mittag. Macht insgesamt drei Professoren, aber sie sind nett. Dann gesellt Lucien Febvre[14] sich zu uns, ein alter, eher wortkarger Mann, und wir machen uns im Auto auf einen Streifzug durch die Berge in der Umgebung von Rio. Die Gärten von Tijuca, die Meyrink-Kapelle, der Corcovado, die Bucht von Rio, hundertmal unter den verschiedensten Blickwinkeln wahrgenommen. Und im Süden die unermeßlichen Strände mit ihrem weißen Sand und den smaragdenen Wellen, die sich menschenleer über Tausende von Kilometern bis nach Uruguay hinziehen. Der Tropenwald und seine drei Etagen. Brasilien ist ein Land ohne Menschen. Alles, was hier geschaffen wird, kostet übermäßige Anstrengungen. Die Natur erstickt den Menschen. «Genügt der Raum, um die Kultur zu erschaffen?» fragt mich der brave brasilianische Professor. Eine Frage, die keinen Sinn hat. Doch einzig und allein solche Räume sind den technischen Fortschritten angemessen. Je schneller das Flugzeug fliegt, um so mehr verlieren Frankreich, Spanien, Italien an Bedeutung. Gestern waren es Nationen, heute sind es Provinzen und morgen Dörfer der Welt. Die Zukunft liegt nicht bei uns, und wir können gegen diese unaufhaltsame Entwicklung nichts ausrichten. Deutschland hat den Krieg verloren, weil es eine Nation war und weil der moderne Krieg die Mittel von Weltreichen erfordert. Morgen wird es dazu der Mittel von Kontinenten bedürfen. Und jetzt sind die beiden Weltmächte zur Eroberung ihres Kontinents aufgebrochen. Was dagegen tun? Die einzige Hoffnung ist, daß eine neue Kultur entsteht und daß Südamerika vielleicht dazu beiträgt, dem mechanischen Unsinn Einhalt zu gebieten[15]. Das versuche ich schlecht und recht meinem Professor zu sagen, während wir an einem brausenden Meer den Sand durch unsere Finger rinnen lassen.

Da ich mich im Wagen und auch zu Füßen des Christus von Corcovado erkältet habe, gehe ich nach Hause, um in meinem Zimmer auf den getreuen Abdias zu warten, der mich nach dem Abendessen zum Samba-Tanzen mitnehmen will. Enttäuschender Abend. In einem sehr abgelegenen Außenbezirk eine Art populäres Tanzlokal, das selbstverständlich mit Neon beleuchtet ist. Das Publikum besteht mehr oder weniger nur aus Schwarzen – doch hier bedeutet das eine große Vielfalt von Schattierungen. Ich bin überrascht zu sehen, wie langsam diese Neger tanzen, in einem aufgeweichten Rhythmus. Aber ich denke an das Klima. Vermutlich würden die Rasenden von Harlem sich hier beruhigen. Andererseits gibt es nichts, was dieses Dancing von tausend anderen überall in der Welt unterscheidet, nichts außer der Hautfarbe. In dieser Beziehung stelle ich fest, daß ich ein umgekehrtes Vorurteil zu überwinden habe. Ich habe die Neger *a priori* gern und bin versucht, ihnen Eigenschaften zuzuschreiben, die sie nicht haben. Ich wollte diese hier schön finden, aber wenn ich sie mir mit weißer Haut vorstelle, entdecke ich eine ganz schöne Sammlung von Ladenschwengeln und verdauungsgestörten Angestellten. Abdias bestätigt dies. Es ist eine häßliche Rasse. Aber unter den Mulattinnen, die sogleich an unseren Tisch kommen, um mit uns zu trinken – nicht weil es unser Tisch ist, sondern weil hier getrunken wird –, sind ein oder zwei hübsche. Eine, die völlig heiser ist, rührt sogar mein Herz, mit einer anderen tanze ich eine schlaffe Samba, ich strenge mich gewaltig an, um irgendwelche Gelüste in mir zu wecken, und merke auf einmal, daß ich mich langweile. Taxi. Und ich fahre zurück.

18. Juli

Es regnet in Strömen über der dampfenden Bucht und über der Stadt. Ruhiger, arbeitsamer Vormittag. Ich esse mit Lage in einem sympathischen Restaurant am Hafen zu Mittag. Um 3 Uhr bin ich mit Barleto verabredet, um die Arbeitervororte zu besuchen. Wir nehmen einen Vorortszug. *Meier. Todos os santos*[16]. *Madeidura*. Was mich beeindruckt, ist der arabische Einschlag. Geschäfte ohne Schaufenster. Alles spielt sich auf der Straße ab. Einen Leichenwagen gesehen: ein Zenotaph im Empirestil mit riesigen Säulen aus vergoldeter Bronze auf einem schwarz angemalten Lieferwagen. Die Pferde sind für die Reichen. Grellbunte Stoffe werden zur Schau gestellt. Endlose Vororte, die wir mit einer rumpelnden Straßenbahn durchqueren. Sie sind die meiste Zeit leer und trostlos (die Arbeiterfamilien, die vor den Toren der Städte kampieren[17], erinnern mich an B.[18]), aber hie und da verdichten sie sich um ein Zentrum, einen Platz, leuchtend von Neon, von grünen und roten Lichtern (am hellichten Tag), gestopft voll von dieser bunten Menge, über der gelegentlich ein Lautsprecher Fußballneuigkeiten herausbrüllt. Man denkt an die unaufhörlich wachsenden Massen auf der Erdoberfläche, die schließlich alles bedecken und sich gegenseitig ersticken werden. So kann ich Rio besser verstehen, besser jedenfalls als in Copacabana, und seine Ähnlichkeit mit einem Ölfleck, der sich nach allen Richtungen bis ins Unendliche ausbreitet. Auf der Rückfahrt in einem *lotaçao*, einer Art Kollektivtaxi, erleben wir einen der zahlreichen Unfälle, die durch den unwahrscheinlichen Verkehr hervorgerufen werden. Ein armer alter Neger, der eine von Lichtern strahlende Avenida falsch betreten hat, wird von einem mit voller Geschwindigkeit fahrenden Bus erfaßt, der ihn zehn Meter weit vor sich hinschleudert wie einen Tennisball, einen Bogen um ihn macht und die Flucht ergreift. Dies wegen des stupiden Gesetzes, nach dem der auf frischer Tat erwischte Fahrer ins Gefängnis gebracht worden wäre. Also flieht er, es gibt keine frische Tat mehr, und er wird nicht ins Gefängnis kommen. Der alte Neger bleibt liegen, ohne daß jemand ihn aufhebt. Aber der Aufprall hätte einen Ochsen getötet. Ich erfahre später, daß man ein weißes Tuch über ihn breiten wird, in dem sich nach und nach das Blut ausbreitet, daß man rings um ihn brennende Kerzen aufstellen und daß der Verkehr um ihn herum weitergehen und nur einen Bogen um ihn machen wird, bis die Beamten kommen, um den Fall zu rekonstruieren.

Am Abend ein Diner bei Robert Claverie. Lauter Franzosen, was für mich erholsam ist. Wenn wir eine fremde Sprache sprechen, sagt Huxley, gibt es jemanden in uns, der abwinkt.

19. Juli

Wunderbares Wetter. Eine reizende, kurzsichtige Journalistin. Post. Mittagessen mit Delamains in einer Art Bahnhofsrestaurant – mit Neonbeleuchtung natürlich. Die Mahlzeit. Düstere Betrachtungen. Am späten Nachmittag gehe ich in eine Theaterschule. Gespräche mit Lehrern und Schülern. Abendessen bei der Familie Chapass mit dem Nationaldichter Manuel Bandera, einem kleinen, überaus zart gebauten Mann. Nach dem Abendessen kommt Kaimi, ein Schwarzer, der Verfasser und Komponist aller Sambas, die landauf, landab gesungen werden, um zu seiner Gitarre zu singen. Es sind die traurigsten und ergreifendsten Lieder. Das Meer und die Liebe, das Heimweh nach Bahia. Nach und nach singen alle mit, und man sieht einen Schwarzen, einen Abgeordneten, einen Universitätsprofessor und einen Notarzt mit sehr natürlicher Anmut diese Sambas im Chor mitsingen. Absolut faszinierend.

20. Juli

Vormittag mit einem Motorboot in der Bucht von Rio bei wunderbarem Wetter. Nur ein leiser frischer Wind kräuselt ein wenig das Wasser. Wir fahren die Inseln entlang; kleine Strände (darunter ein Zwillingspaar, Adam und Eva genannt). Schließlich ein Bad in reinem und kühlem Wasser. Am Nachmittag Besuch von Murillo Mendès – einem Dichter und kranken Mann. Feiner und ausdauernder

Geist. Einer von den zwei oder drei Menschen, die mir hier wirklich aufgefallen sind. Am Abend Vortrag. Bei meiner Ankunft sehe ich, wie die Menge den Eingang verstopft. Claverie und die hinreißende Madame Petitjean wollen schon weggehen, da sie keinen Platz bekommen haben. Ich verschaffe ihnen Plätze, nicht ohne Mühe. Schließlich ist der für achthundert Menschen vorgesehene Saal mit Zuhörern überfüllt, die stehen oder am Boden sitzen müssen. Die Leute von Welt, Diplomaten etc., die selbstverständlich zu spät gekommen sind, haben nur eine Wahl: stehen oder die Flucht ergreifen. Der spanische Botschafter setzt sich hinter der Tribüne auf ein Versatzstück. Gleich wird er belehrt werden. Ninu, ein spanischer Flüchtling, den ich in Paris kennengelernt habe, stürzt sich auf mich. Er ist Aufseher der *campeones* auf einer Fazenda, hundert Kilometer von Rio entfernt. Er hat diese hundert Kilometer zurückgelegt, um «*su compañero*» zu hören. Morgen früh fährt er zurück. Und wenn man weiß, was hier hundert Kilometer durch das Hinterland bedeuten... Ich bin zu Tränen gerührt. Da holt er eine Packung Zigaretten aus der Tasche, die Marke, die dem «*gusto francés*» am nächsten kommt, sagt er und schenkt sie mir. Ich weiche nicht mehr von seiner Seite, glücklich, einen Freund in diesem Saal zu haben, und sage mir, daß ich ja hier bin, um zu Menschen wie ihm zu sprechen. Und so spreche ich denn auch*, und ich habe dabei die Menschen wie N. und, wie mir scheint, die anwesende Jugend auf meiner Seite. Aber ich zweifle, ob ich die Leute von Welt auf meiner Seite habe. Hinterher großer Ansturm. Ich begegne ein paar aufrichtigen Blicken. Der Rest ist Komödie. Um Mitternacht lege ich mich hin, ehe ich um 4 Uhr 30 aufstehen muß, um das Flugzeug nach Recife zu nehmen.

* Camus hatte ursprünglich geschrieben: «...spreche ich denn auch *mit größerer Klarheit und Heftigkeit, als ich es je getan habe.*»

21. Juli

Um 4 Uhr aufgewacht. Es regnet in Strömen. Nach den paar Schritten von der Tür der Botschaft zum Taxi bin ich schon durchnäßt. Im Stadtbüro Formalitäten, bei denen ich im Stehen schlafe. Lange Fahrt zum Flugplatz. In diesem Klima kommt es vor, daß man zweimal naß wird, durch den Regen zuerst und dann durch den eigenen Schweiß. Auf dem Flughafen langes Warten. Schließlich werden wir erst um 8 Uhr 30 abfliegen, und ich ärgere mich mal wieder über das Flugzeug. Während ich warte, betrachte ich eine Tafel mit den Distanzen zwischen Rio und den Hauptstädten der Welt. Paris liegt beinahe 10000 km entfernt. Zwei Minuten später spielt uns das Radio *La vie en rose*. Ein Flugzeug, das schwerfällig, regenbeladen, unter einem niedrigen Himmel aufsteigt. Ich versuche zu schlafen, aber es gelingt mir nicht. Als wir viereinhalb Stunden später in Recife landen, öffnet die Tür des Flugzeugs sich auf eine rote, von der Hitze verzehrte Erde. Ja, wir befinden uns wieder am Äquator. Übernächtigt und ein wenig fiebrig von einer Art Schnupfen, den ich mir heute morgen geholt habe, taumele ich unter der Last der Hitze. Niemand erwartet mich. Aber das Flugzeug ist anscheinend verfrüht angekommen, und so ist das nicht verwunderlich. Ich warte also in einem leeren Saal, in dem eine glühendheiße Luft weht, und betrachte in der Ferne die Kokoswälder, die die Stadt umschließen. Die Delegation erscheint. Alle sehr nett. Die drei Franzosen darunter sind alle über einen Meter achtzig groß. Wir sind gut vertreten. Wir brechen auf. Rote Erde und Kokospalmen. Und dann das Meer und unermeßliche Strände. Hotel am Quai. Masten ragen über der Mauer auf. Ich versuche zu schlafen. Vergeblich. 4 Uhr. Ich werde abgeholt. Der Direktor der ältesten Zeitung von Südamerika, *Le Journal de Pernambouc*, ist auch gekommen. Er zeigt mir die Stadt. Wunderbare Kirchen im Kolonialstil, wo das Weiß vorherrscht, wo der jesuitische Stil durch den Verputz heller und leichter wird. Das Innere ist barock, aber ohne die übermäßige Schwere des europäischen Barock. Die Goldene Kapelle insbesondere ist wunderbar. Die *azulejos* sind hier sehr gut erhalten. Nur sind, wie auch auf den Gemälden, die «bösen» Judasgestalten, die römischen Soldaten etc., vom Volk entstellt worden. Sie haben alle zerstörte und blutige Gesichter. Ich bewundere die Altstadt, die kleinen roten, blauen und ockerfarbenen Häuser, die mit großen spitzen Steinen gepflasterten Straßen. Der Platz vor der Kirche San Pedro. Da die Kirche sich neben einer Kaffeefabrik befindet, ist sie völlig geschwärzt vom Rauch der Röstmaschinen. Sie ist buchstäblich mit Kaffee patiniert.

Zum Abendessen allein. Man hört gedämpfte Musik. Das Exil hat seine angenehmen Seiten. Nach dem Abendessen Vortrag vor etwa hundert Leuten, die ziemlich erschöpft aussehen, als sie gehen. Ich mag Recife ausgesprochen gern. Florenz der Tropen, zwischen seinen Kokoswäldern, seinen roten Bergen, seinen weißen Stränden.

22. Juli

Mit Grippe und Fieber aufgestanden. Flaue Beine. Ich mache mich fertig und warte im Hotel auf drei Intellektuelle, die mich sehen möchten. Zwei sind sympathisch. Wir besuchen Olinda, ein kleines historisches Städtchen gegenüber von Recife an der Bucht, mit alten Kirchen. Sehr schönes Franziskanerkloster. Bei der Rückkehr zittere ich vor Fieber und schlucke Aspirin und Gin. Mittagessen beim Konsul. Nach dem Essen Spaziergang am Meer, durch einen Wald von Kokospalmen. Durch die Lücken erblickt man auf dem Meer die Segel der *junsahes* – schmale Flöße aus den Stämmen eines sehr leichten Holzes, die durch Stricke verbunden sind. Diese zerbrechlichen Gebilde können viele Tage lang auf dem Meer schwimmen, wird mir gesagt. Hier Strohhütten. Aber in der erstickenden und gleißenden Luft zittert der Schatten der Kokospalmen vor meinen Augen. Die Grippe wird schlimmer, und ich bitte darum, mich vor dem Gespräch um 5 Uhr ausruhen zu dürfen. Ich kann nicht schlafen. Gespräch am runden Tisch, das ich dank zwei Whiskys überstehe. Dann Aufbruch zu einem Volksfest, das mir zu Ehren veranstaltet worden ist. Man impft mich gegen die Grippe. Gesänge und Tänze, die nicht besonders interessant sind. Eine Pseudo-*macumba*. Aber der *bomba-menboi* ist ein außergewöhnliches Schauspiel. Eine Art groteskes Ballett, das von Masken und von Totem-Gestalten nach einem stets gleichbleibenden Thema getanzt wird: die Tötung eines Ochsen. Zu diesem Thema improvisieren die Gestalten teilweise, rezitieren aber andererseits auch einen Text in Versform, alles, während sie tanzen. Das, was ich sehe, dauert eine Stunde. Aber man sagt mir, daß es die ganze Nacht dauern kann. Die Masken sind erstaunlich. Zwei rote Clowns, der «Meeresreiter» in einem Zirkuspferd, ein Storch, ein als Gaucho gekleideter Eisenfresser. Zwei Indios und natürlich der Ochse; der «Tote, der den Lebenden trägt», eine Art Puppe mit zwei Körpern, die von einem einzigen Schauspieler belebt wird, die *cachasa* (oder Säuferin), der Sohn des Pferds, ein sich tummelndes Füllen, ein Mann auf Stelzen, das Krokodil und ein das Ganze beherrschender, mindestens drei Meter hoher Tod, der das Schauspiel betrachtet und sein Haupt sehr hoch in den nachtdunklen Himmel reckt. Als Orchester eine Trommel und Rumbakugeln. Der religiöse Ursprung ist unverkennbar (ein paar Gebete sind noch als Überbleibsel im Text). Aber all das geht in einem rasenden Tanz unter, in tausend lustigen oder grotesken Einfällen, die mit der Tötung des Ochsen enden, der gleich darauf aufersteht und auf seiner Flucht ein kleines Mädchen zwischen seinen Hörnern davonträgt. Der Schluß: ein dröhnender Ruf: «Hoch lebe der Señor Camus und die hundert *Könige* des Orients.» Ich kehre, von der Grippe abgestumpft, ins Hotel zurück.

23. Juli

9 Uhr. Abflug nach Bahia. Mit meiner Grippe geht es ein bißchen besser. Aber ich fühle mich immer noch fiebrig und zerschlagen. Im Flugzeug ist es kalt, Gott weiß warum. Und es schaukelt gewaltig. Drei Stunden Flug, dann sieht man, auf einer weiten Fläche, kleine Hügel auftauchen, die mit Schnee bedeckt sind. Das ist zumindest der Eindruck, den mir der weiße Sand vermittelt, der hier so weit verbreitet ist und dessen makellose Wogen Bahia mit einer unberührten Wüste zu umgeben scheinen. Vom Flugplatz in die Stadt sechs Kilometer auf einer Straße, die sich in Schleifen zwischen Bananenstauden und einer dichten Vegetation entlangzieht. Die Erde ist vollkommen rot. Bahia, wo man nur Schwarze sieht, wirkt auf mich wie ein riesiger, von Menschen wimmelnder Basar, elend, schmutzig und schön. Unermeßliche Märkte mit Ständen aus zerlöcherten Segeln und alten Brettern, niedrige alte Häuser, verputzt mit rotem, apfelgrünem, blauem Kalk, etc.

Mittagessen am Hafen. Große Boote mit dreieckigen, ockerfarbenen und blauen Segeln entladen Bananenbüschel. Wir essen Gerichte, die genug gepfeffert sind, um einem Lahmen auf die Beine zu helfen. Die Bucht, die ich auch vom Fenster meines Hotels aus sehe, erstreckt sich rund und rein und von einem seltsamen Schweigen erfüllt unter dem grauen Himmel, während die unbeweglichen Segel, die man dort erblickt, aussehen, als wären sie gefangen in einem unversehens erstarrten Meer. Ich habe diese Bucht lieber als die von Rio, die für meinen Geschmack zu theatralisch ist. Diese hier besitzt zumindest Maß und

Poesie. Seit dem Morgen löst ein heftiger, prasselnder Regenguß den andern ab. Sie haben die ausgefahrenen Straßen von Bahia in Wildbäche verwandelt. Und wir fahren zwischen zwei großen Wogen, die unaufhörlich das Auto bedecken.

Besichtigung von Kirchen. Sie sehen genauso aus wie die in Recife, wenn auch diese hier berühmter sind. Die Kirche des lieben Herrn Jesus mit den Exvotos (Gipsabgüsse, zwei Hinterbacken, Röntgenbild, Litzen eines Brigadiers). Man erstickt. Aber dieser harmonische Barock wiederholt sich überall. Schließlich ist es das einzige, was es in diesem Land zu sehen gibt, und man hat es bald gesehen. Bleibt das wahre Leben. Aber in diesem maßlosen Land, das die Traurigkeit weiter Räume hat, ist das Leben mit der Erde verbunden, und es würde Jahre brauchen, um sich hier einzufügen. Habe ich Lust, Jahre in Brasilien zu verbringen? Nein. Um 6 Uhr dusche ich, schlafe ein und fühle mich beim Erwachen ein bißchen wohler. Abendessen allein. Dann Vortrag vor einem geduldigen Publikum. Der Konsul begleitet mich nach Hause und schiebt mir beim letzten Glas unter dem Tisch einen Umschlag zu, der ungefähr 45 000 Francs in brasilianischer Währung enthält. Es ist das Honorar, das die Universität von Bahia mir gibt. Überraschung des Konsuls, als ich mich weigere, es anzunehmen. Er erklärt mir, daß «es andere Leute gibt, die es verlangen, dieses Honorar». Dann verneigt er sich. Ich weiß im übrigen, daß er gar nicht anders kann, als zu denken: «Wenn er es nötig hätte, würde er es nehmen.» Dabei...

Zum Schluß notiere ich mir noch einige Passagen aus der französischen Hausordnung des *Palace* (?) *Hôtel* von Bahia – «In Brasilien sprechen alle Leute französisch», sagt der Reklametext.

«Bei Nichtbezahlung der Rechnungen, wie in Par. 3 und 4 vereinbart, ist die Geschäftsführung genötigt, das Gepäck als Sicherheit zurückzuhalten, und der Gast muß deshalb unverzüglich das besetzte Zimmer räumen.»

«Es ist verboten, in den Zimmern Vögel, Hunde oder andere Tiere zu halten.»

«Im Erdgeschoß des Hotels findet man auch eine wohlversehene American Bar und einen geräumigen Lesesaal.»

Und dies zum Schluß:

«Im Erdgeschoß des Hotels gibt es Salon mit Barbier und Maniküre

die Kunden können sich ihrer Funktion bei sich bedienen.»

4. Juli (Sonntag)

Um 10 Uhr fährt mich ein reizender Brasilianer, Eduardo Catalao, höflich wie niemand mehr, auf einer ausgefahrenen Straße an den Strand von Itapoa. Es ist ein aus Strohhütten bestehendes Fischerdorf. Aber der Strand ist schön und wild, das Meer schäumt zu Füßen der Kokospalmen. Die Grippe, die nicht aufhören will und mich in die Knie zwingt, erlaubt mir nicht zu baden. Wir begegnen am Strand einer Gruppe junger französischer Filmleute, die in einer Strohhütte leben und einen Film über Bahia drehen wollen. Überrascht, mich an diesem verlorenen Winkel zu sehen. Sie riechen ein bißchen nach Saint-Germain-des-Prés.

Ein den Magen zerfressendes Mittagessen um 3 Uhr. Von 5 bis 7 arbeite ich. Abendessen beim Konsul. Dann fahren wir gemeinsam zu einem *candomblé*[19], einer weiteren Zeremonie dieser sonderbaren afro-brasilianischen Religion, aus der hier der Katholizismus der Schwarzen besteht. Es ist eine Art Tanz, der vor einem mit Speisen beladenen Tisch getanzt wird – zu den Klängen von drei verschieden großen Trommeln und einem abgeflachten Trichter, auf den mit einem Eisenstab geschlagen wird. Die Tänze werden von einer Matrone geleitet, die den Platz des «Vaters der Heiligen» einnimmt, und werden ausschließlich von Frauen getanzt. Die Trachten sind sehr viel kostbarer als in Bahia. Zwei der Tänzerinnen, mächtige Gestalten im übrigen, verbergen ihr Gesicht hinter einem Bastschleier. Doch lehrt mich das alles nicht viel Neues, bis eine Gruppe junger schwarzer Mädchen erscheint, die in halb hypnotischem Zustand auftreten, die Augen fast geschlossen, aber aufrecht stehend und sich auf ihren Füßen wiegend, vorwärts und zurück. Eine von ihnen, eine große Schlanke, entzückt mich. Sie trägt einen blauen Jägerhut mit aufgeschlagener Krempe, der mit wehenden Federn geschmückt ist, ein grünes Kleid und in der Hand einen grünen und gelben Bogen mit dem dazugehörenden Pfeil, auf dessen Spitze ein bunter Vogel gespießt ist. Das schöne, schlafende Gesicht spiegelt eine gleichbleibende und unschuldige Schwermut. Diese schwarze Diana ist von einer unbeschreiblichen Anmut. Und auch während sie tanzt, weicht außergewöhnliche Anmut nicht von ihr. Schlafend schwankt sie jedesmal, wenn die Musik aufhört. Nur der Rhythmus verleiht ihr eine Art unsichtbare Stütze, um die sie ihre Arabesken dreht, wobei sie von Zeit zu Zeit einen seltsamen, gellenden und doch melodischen Vogelschrei ausstößt. Alles übrige taugt nicht viel. Entwertete Riten, die sich in mittelmäßigen Tänzen ausdrücken. Catalao und ich brechen auf. Aber während wir in diesem abgelegenen Viertel durch die Schlaglöcher der Straßen stolpern, dringt durch die schwere, duftende Nacht noch immer der Schrei des verwundeten Vogels zu mir und erinnert mich an meine schöne Schläferin.

Ich würde mich gern hinlegen, aber Catalao will einen Whisky trinken in einem Nachtlokal, das trostlos ist wie der Tod und nicht anders als die Nachtlokale überall in der Welt. Er bestellt ohne mein Wissen französische Musik, und so höre ich zum zweitenmal in den Tropen *La vie en rose*.

25. Juli

Wecken um 7 Uhr. Ich muß auf ein Flugzeug warten, von dem nicht sicher ist, ob es fliegt. Dann ist es sicher. Ich werde es um 11 Uhr besteigen. Mit meiner Grippe ist es besser, aber meine Beine sind wie Watte. Heftiges Verlangen, nach Hause zu kommen. Ich verliere zwei Stunden auf dem Flugplatz. Wir fliegen ab. Es ist 13 Uhr 30, und wir werden nicht vor 19 Uhr in Rio ankommen. Ich schreibe all dies in dem Flugzeug, wo ich mich sehr einsam fühle.

Abend. Ankunft mit einem heftigen Rückfall der Grippe und des Fiebers. Diesmal sieht es ernst aus.

26. Juli

Im Bett. Fieber. Nur der Geist arbeitet beharrlich weiter. Furchtbare Gedanken. Das unerträgliche Gefühl, Schritt für Schritt einer unbekannten Katastrophe entgegenzugehen, die alles um mich und in mir zerstören wird.

Abend. Ich werde abgeholt. Ich hatte vergessen, daß die Truppe der schwarzen Schauspieler mir heute abend einen Akt aus *Caligula* vorführen wollte. Das Theater ist gemietet, es bleibt keine andere Wahl. Ich ziehe mich so dick an, als führe ich zum Nordpol, und fahre mit dem Taxi hin.

Merkwürdig, diese schwarzen Römer zu sehen. Und dann wurde das, was mir ein grausames, lebhaftes Spiel schien, ein gemächliches, sanftes, leicht sinnliches Gurren. Danach spielen sie für mich ein kurzes brasilianisches Stück, das mir sehr gut gefällt und dessen Inhalt ich aufschreibe:

«Ein Mann, der an *macumbas* teilzunehmen pflegt, wird vom Geist der Liebe heimgesucht. Alsbald wirft er sich auf seine Frau, die in höchstes Entzücken gerät und sich in diesen Geist verliebt. Sie nutzt also den gleichen

Gesang, um den Geist herbeizurufen, sooft sie kann, was auf der Bühne zu feurigen Bacchanalien Anlaß gibt. Schließlich erkennt ihr Mann, daß sie nicht in ihn verliebt ist, sondern in den Gott, und bringt sie um. Doch sie stirbt glücklich, weil sie überzeugt ist, daß sie sich mit dem von ihr geliebten Gott vereinigen wird.»

Der Abend endet mit brasilianischer Musik, die mir unbedeutend vorkommt. Wichtig ist allerdings, daß Brasilien das einzige Land mit einer schwarzen Bevölkerung ist, die ununterbrochen Melodien hervorbringt. Den Höhepunkt bildet ein *frevo*, ein Tanz aus Pernambuco, an dem alle Anwesenden sich beteiligen – wirklich die wildesten Verrenkungen, die ich je gesehen habe. Hinreißend. Kaum heimgekehrt, schlafe ich ein wie ein Stein, um erst heute früh um neun unendlich wohler zu erwachen.

27. Juli

Brasilien mit seinem dürftigen modernen Apparat, der diesem unermeßlichen, von primitiven Naturkräften wimmelnden Kontinent aufgesetzt wurde, kommt mir vor wie ein Gebäude, das von unsichtbaren Termiten immer mehr unterhöhlt wird. Eines Tages wird das Gebäude einstürzen, und ein ganzes wimmelndes kleines Volk, schwarz, rot und gelb, wird sich, maskiert und mit Lanzen bewehrt, über die Oberfläche des Kontinents ausbreiten, um mit Tänzen den Sieg zu feiern.

Mittagessen mit dem Dichter Murillo Mendès, einem feinen, etwas schwermütigen Menschen, seiner Frau und einem jungen Dichter, dem das intelligente Verkehrssystem von Rio siebzehn Knochenbrüche und zwei Krücken eingetragen hat. Nach dem Mittagessen nehmen sie mich mit auf den Zuckerhut. Aber die Zeit vergeht mit Schlangestehen, so daß wir schließlich nur bis zur ersten Kuppe gelangen – zur großen Betrübnis von Madame Mendès, die fürchtet, ich könnte mich langweilen, während ich mich in der liebenswürdigen Gesellschaft der drei sehr wohl fühle.

M. kennt und zitiert Char und findet, daß er seit Rimbaud unser bedeutendster Dichter ist. Ich bin froh darüber.

28. Juli

Die Botschaft in Montevideo kompliziert meinen Aufenthalt, da sie die vorgesehenen Daten ändern will. Nun bleibe ich also bis Mittwoch in Rio, um mich dann nach São Paulo zu begeben. Mittagessen mit Simon und Barleto, für den meine Sympathie täglich wächst. Den ganzen Nachmittag gearbeitet. Am Abend gibt die Botschaft einen Empfang, der sogar nett ist, bei dem ich mich aber trotzdem langweile. Ich empfehle mich auf französisch, wie man hier sagt, und gehe schlafen.

29. Juli

Die Tage in Rio sind nicht eben sinnvoll und vergehen zugleich schnell und langsam. Mittagessen bei Madame B. und ihrer Schwägerin. Die Französinnen haben ihr Gutes. Sie sind lebhaft, geistreich, und so vergeht die Zeit im Nu. Anschließend Spaziergang, zu Fuß, die Bucht entlang, durch einen wunderbaren und weichen Tag. Es kostet mich große Mühe, mich diesen unbeschwerten und unverfälschten Augenblicken zu entreißen, um zur Botschaft zu eilen, wo ich Mendès und seine Frau treffen soll, die mich zu Correa bringen wollen, einem ehemaligen Verleger, bei dem ich auch einen Studenten treffen soll, der ... usw. Was ich mein Leben lang beharrlich abgelehnt habe, das akzeptiere ich hier – als hätte ich mich von vornherein auf dieser

Reise, die ich gar nicht unternehmen wollte, zu allem bereit gefunden. Ich komme rechtzeitig los, um Claverie, Madame B. und ihre Schwägerin zu treffen, die ich zum Abendessen eingeladen habe. Anschließend fährt Claverie uns über Straßen voller Schlaglöcher in die Berge und in die Nacht. Die laue Luft, die dünnen und zahlreichen Sterne, tief unten die Bucht..., aber das alles stimmt mich eher wehmütig als glücklich.

30. und 31. Juli

Wochenende bei Cl. in Teresópolis. 150 km von Rio in den Bergen. Die Straße ist schön, besonders zwischen Petrópolis und Teresópolis. Hier und da blitzt ein von gelben Blüten bedeckter *Ipé* an einer Wegbiegung vor einem Panorama von Bergen auf, die sich bis zum Horizont hinziehen. Hier wird einem wiederum klar, was mir schon aufgefallen war, als ich im Flugzeug über dieses Land flog. Unendliche, unberührte und einsame Weiten, mit denen verglichen die an die Küste geklammerten Städte nur ganz unbedeutende Punkte sind. Dieser gewaltige, weglose Kontinent, der ganz und gar der natürlichen Wildheit anheimgegeben ist, kann sich in jedem Augenblick umwenden und diese Städte mit ihrem falschen Luxus unter sich begraben. Das Wochenende vergeht mit Spaziergängen, Baden und Pingpong. In dieser Landschaft kann ich endlich frei atmen. Und in 800 m Höhe läßt die Luft mich das Klima von Rio, das wirklich anstrengend ist, besser beurteilen. Als wir am Sonntagabend wieder hinunterfahren, bin ich gar nicht froh, von neuem in der Stadt zu sein. Im übrigen werde ich vor der Botschaft von einer jener in Rio allzu häufigen Szenen empfangen. Wieder eine Frau, die blutüberströmt vor einem Bus am Boden liegt. Und eine schweigende Menge, die sie anschaut, ohne ihr Hilfe zu leisten. Diese barbarische Sitte empört mich. Sehr viel später höre ich das Horn eines Krankenwagens. Während dieser ganzen Zeit hat man diese Unglückliche unter Stöhnen sterben lassen. Dafür gibt man vor, die Kinder zu vergöttern.

1. August

Mühsames Erwachen. Leben heißt weh tun, den anderen und durch die anderen sich selbst. Grausame Erde! Was tun, um an nichts zu rühren? Welches endgültige Exil finden?

Mittagessen in der Botschaft. Ich erfahre dort, daß es in Brasilien keine Todesstrafe gibt. Am Nachmittag Vortrag über Chamfort[20]. Ich frage mich immer, weshalb ich wohl die Damen der Gesellschaft anziehe. Wie viele Hüte! Abendessen mit Barleto, Machado usw., in einem sympathischen italienischen Restaurant. Später besuchen wir eine *Favela*. Langes Palaver, ehe wir diese richtige Stadt aus Holz, Blech und Schilf betreten, die über dem Strand von Ipanema am Hang eines Hügels klebt. Endlich wird uns mitgeteilt, daß wir uns zu einer Konsultation (tatsächlich ist es so, daß wir als Empfehlungsschreiben zwei gute Flaschen Cachado mitführen) zu einer hier ansässigen Dame begeben können. Wir gehen in der Nacht zwischen den Hütten entlang, aus denen Radiolärm und Schnarchen dringen. Der glitschige und mit Abfällen übersäte Boden fällt manchmal senkrecht ab. Wir brauchen eine gute Viertelstunde, bis wir außer Atem die Hütte der Wahrsagerin erreichen. Aber auf dem kleinen Platz vor der Hütte werden wir belohnt, der Strand und die Bucht breiten sich unbeweglich vor uns unter dem Halbmond aus. Die Wahrsagerin scheint zu schlafen. Aber sie öffnet uns. Die Hütte ist wie viele andere, die ich gesehen habe, mit bunten Lendenschurzen an der Decke. In einer Ecke ein Bett mit einem Schläfer. In der Mitte ein Tisch, auf dem Wäsche unter einem roten Vorhang liegt, der an eine Leiche gemahnt. Ein Alkoven mit einem Altar, wo sich alle Heiligenstatuen versammelt finden, die Saint-Sulpice in die ganze Welt exportiert. Auch die Statue einer Rothaut, die sich, weiß der Himmel wie, hierher verirrt hat. Die Wahrsagerin sieht aus wie eine biedere Hausfrau. Sie hat gerade ihre Konsultationen beendet, die sie nur erteilt, wenn der Heilige in ihr weilt. Der Heilige ist fortgegangen. Also das nächste Mal. Es ist heiß. Aber diese Neger sind so freundlich und zuvorkommend, daß wir dableiben, um weiter zu palavern. Der Abstieg ist ein rechter Todeslauf. Man stelle sich auf diesem Weg die Frauen vor, die zwei- oder dreimal täglich das Wasser holen und beim Hinaufsteigen den Eimer auf dem Kopf tragen. Man stelle sich die Regentage vor. Inzwischen schlägt Barleto der Länge nach zu Boden. Ich komme heil unten an, und wir beschließen den Abend bei Machado, der mir die Geschichte der Sterbehelfer von Minas erzählt[21]. In manchen Fällen, wenn die Agonie zu lange dauert, ruft man diese offiziell zugelassenen Herren zu Hilfe. Sie sind gekleidet wie das Personal eines Bestattungsinstituts, grüßen bei ihrer Ankunft, ziehen ihre Handschuhe aus und begeben sich zu dem Sterbenden. Sie fordern ihn freundlich auf, ununterbrochen «Jesus-Maria» zu sagen, setzen ihm ein Knie auf den Magen und legen die Hände auf seinen Mund und drücken beflissen, bis der Sterbende hinübergegangen ist. Dann treten sie zurück, ziehen ihre Handschuhe wieder an, empfangen fünfzig Cruzeiros und gehen von der allgemeinen Dankbarkeit und Hochachtung begleitet davon.

2. August

Ich bin es müde, Nichtigkeiten zu notieren. (Ich schreibe dies im Flugzeug, das mich nach São Paulo bringt. Der gestrige Tag bestand aus lauter Nichtigkeiten. Sogar ein

Gespräch mit Mendés über die Beziehungen zwischen Kultur und Gewalt, das mir geholfen hat, meine eigenen Gedanken zu präzisieren, ist mir nichtig vorgekommen.)

In Wirklichkeit werde ich in dem herrlichen Licht von Rio von der Vorstellung des Bösen verfolgt, das man den anderen zufügt, sobald man sie auch nur anschaut. Leiden zufügen war mir lange Zeit gleichgültig, das muß ich zugeben. Die Liebe hat mich in dieser Hinsicht aufgeklärt. Jetzt kann ich es nicht mehr ertragen. In gewissem Sinn ist es besser, zu töten, als Leiden zuzufügen.

Was ich gestern – und endlich – ganz deutlich erkannt habe, ist, daß ich wünschte, zu sterben.

3. August

São Paulo und der rasch hereinbrechende Abend, während die Lichtreklamen eine nach der andern oben an den Wolkenkratzern aufleuchten und aus den Königspalmen, die sich zwischen den Buildings emporrecken, ein ununterbrochener Gesang von Tausenden von Vögeln aufsteigt, die das Ende des Tages grüßen und das dunkle, die Heimkehr der Geschäftsleute ankündigende Hupen übertönen.

Abendessen mit Oswald de Andrade, einer bemerkenswerten Persönlichkeit (ist ausführlicher zu behandeln). Er ist der Ansicht, daß Brasilien von Primitiven bevölkert und somit alles zum besten bestellt ist.

Die Stadt São Paulo, eine seltsame Stadt – Oran ins Maßlose übertragen.

Ich habe, wie dumm, vergessen, aufzuzeichnen, was mich am tiefsten gerührt hat. Es handelt sich um eine Sendung von Radio São Paulo, in der arme Leute ans Mikrophon kommen und erklären, in welcher Notlage sie sich im Augenblick befinden. An diesem Abend hat ein ärmlich gekleideter Schwarzer mit einem fünf Monate alten kleinen Mädchen auf dem Arm und der Saugflasche in der Tasche in aller Schlichtheit erzählt, daß seine Frau ihn verlassen hat und daß er jemanden sucht, der sich um das Kind kümmern könnte, ohne es ihm wegzunehmen. Ein ehemaliger Kampfflieger, der arbeitslos ist, sucht eine Stelle als Mechaniker, usw. Anschließend warten wir in den Büroräumen auf die Anrufe der Hörer. Fünf Minuten nach Schluß der Sendung klingelt das Telefon ununterbrochen. Jedermann bietet sich oder irgend etwas an. Während der Neger am Apparat ist, hütet der ehemalige Pilot das Töchterchen und wiegt es. Und der Clou: Ein großer, schon älterer Neger kommt halb angekleidet herein. Er schlief, aber seine Frau, die die Sendung hörte, hat ihn geweckt und ihm gesagt: «Geh und hol das Kind.»

4. August

Am Vormittag Pressekonferenz. Mittagessen bei Andrade, das stehend eingenommen wird. Um 3 Uhr werde ich, ohne recht zu wissen warum, ins Gefängnis der Stadt geführt, «das schönste von Brasilien»[22]. Es ist in der Tat «schön», wie eine Strafanstalt in einem amerikanischen Film. Außer dem Geruch, der fürchterlichen menschlichen Ausdünstung, die in allen Gefängnissen in der Luft hängt. Gitter, Eisentüren, Gitter, Türen usw. Und da und dort Schilder. «Sei gut», und vor allem «Optimismus». Ich schäme mich vor ein oder zwei Häftlingen, die im übrigen noch privilegiert sind und den Gefängnisdienst versehen. Nachher geht mir der Psychiater mit seiner Klassifizierung verschiedener perverser Geistesverfassungen auf die Nerven. Und im Hinausgehen sagt mir jemand die rituelle Formel: «Sie sind hier zu Hause.»

Ich vergaß. Auf dem Heimweg sind wir durch eine Straße der Prostituierten gekommen. Sie halten sich hinter Lamellentüren auf, großen Jalousien, durch die man sie sehen kann; die meisten sind übrigens sehr anziehend. Der Preis wird durch die in allen Farben gestrichenen, grünen, roten, gelben, himmelblauen Jalousien ausgehandelt. Lauter Vögel im Käfig.

Dann Kletterpartie auf einen kleinen Wolkenkratzer. São Paulo in der Nacht. Die märchenhafte Seite der modernen Städte mit ihren breiten Straßen und den funkelnden Dächern. Ringsherum der Kaffee und die Orchideen. Aber es läßt sich schwer ausmalen.

Später setzt Andrade mir seine Theorie auseinander: der Kannibalismus als Weltanschauung. In Anbetracht der Tatsache, daß Descartes und die Wissenschaft versagt haben, zur ursprünglichen Fortpflanzung des Lebens zurückkehren: das Matriarchat und die Menschenfresserei. Da der erste Bischof, der in Bahia landete, dort gefressen wurde, begann Andrade seine Chronik mit dem Jahr 317 nach der Verzehrung des Bischofs Sardine (denn er hieß Sardine).

Letzte Nachrichten. Nach meinem Vortrag erfahre ich von Andrade, daß es in dem Modell-Gefängnis vorgekommen ist, daß Häftlinge sich das Leben genommen haben, indem sie sich den Schädel an den Wänden einschlugen oder indem sie den Hals so lange in ihre Schublade steckten, bis sie erstickt waren.

5. August, 6. August, 7. August (Die Reise nach Iguape)[23]

Wir fahren zu den religiösen Festen in Iguape, brechen aber erst um 10 Uhr auf anstatt um 7 wie vorgesehen. Wir müssen nämlich den ganzen Tag auf den an Schlaglöchern so reichen Straßen Brasiliens durch das Landesinnere fahren, und es ist besser, vor Einbruch der Nacht anzukommen. Aber es hat eine Verzögerung gegeben, das Auto war nicht startbereit, usw. Wir verlassen São Paulo und beginnen unsere Fahrt nach Süden. Die Landstraße, aus Erde und Schotter, ist stets von einem roten Staub bedeckt, der die ganze Vegetation rechts und links der Straße einen Kilometer weit mit einer trockenen Schmutzschicht überzieht. Nach ein paar Kilometern sind auch wir, das heißt der Fahrer, der Auguste Comte ähnlich sieht, Andrade und sein Sohn, der für die Philosophen zuständig ist, Sylvestre, der französische Kulturattaché und ich selbst, von diesem gleichen Staub bedeckt. Er dringt durch jede Ritze des großen Ford-Kombiwagens, in dem wir fahren, und füllt nach und nach den Mund und die Nase. Und über uns eine unerbittliche Sonne, die die Erde röstet und alles Leben zum Stillstand bringt. Nach fünfzig Kilometern ein unheimliches Geräusch. Wir halten an. Eine Feder vorn ist gebrochen, sie ragt sichtbar aus dem Bündel der Federn heraus und berührt die Radfelge. Auguste Comte kratzt sich am Kopf und erklärt, daß wir die Reparatur in etwa zwanzig Kilometer Entfernung machen lassen können. Ich rate ihm, das Blatt der Feder sofort zu entfernen, bevor es sich mit dem Rad verklemmt. Aber er ist zuversichtlich. Nach weiteren fünf Kilometern bleiben wir stehen, da die Feder verklemmt ist. Auguste Comte beschließt, zu einem Werkzeug zu greifen: das heißt, er holt aus dem Kofferraum einen dicken Eisenstab, dessen er sich wie eines Hammers bedient: mit aller Kraft schlägt er auf das Federblatt ein, in der Meinung, es mit Gewalt herausholen zu können.

Ich erkläre ihm, daß eine Schraubenmutter gelöst und das Rad selbst abgenommen werden muß. Aber mir wird schließlich klar, daß er zu dieser langen Expedition über die löcherigen Pisten aufgebrochen ist, ohne auch nur einen Engländer mitzunehmen. Wir warten unter einer Sonne, die einen Ochsen umbringen könnte – und endlich kommt ein Lastwagen, dessen Fahrer zum Glück einen Engländer dabei hat. Nachdem das Rad abgenommen und die Mutter gelöst ist, wird das Blatt endlich entfernt. Wir fahren weiter zwischen den bleichen und zerklüfteten

Bergen, wo wir zuweilen einem ausgehungerten Zebu begegnen und hier und da von den traurigen Urubus[24] begleitet werden. Um 13 Uhr erreichen wir Piedade, ein kleines, jeder Anmut entbehrendes Dorf, wo die Wirtin, Doña Anesia, der Andrade früher einmal den Hof gemacht haben muß, uns aufs herzlichste empfängt. Wir werden von einer indianischen Mestizin bedient, Maria, die mir zum Abschied künstliche Blumen schenkt. Ein brasilianisches Essen, das kein Ende nehmen will und nur dank der Pinga, wie die Cachasa hier heißt, verdaut werden kann. Nachdem die Feder repariert ist, brechen wir wieder auf. Wir steigen immer höher, und die Luft wird sehr trocken. Es sind unendliche Weiten ohne jede Behausung, ohne Ackerbau. Die furchtbare Einsamkeit dieser maßlosen Natur macht viele Dinge in diesem Leben besser verständlich. Um 15 Uhr kommen wir nach Pilar. Aber dort merkt Auguste Comte, daß er sich geirrt hat. Man erklärt uns, daß wir sechzig Kilometer zu weit gefahren sind. Hier bedeutet das zwei oder drei Stunden Fahrt. Von dem ständigen Rütteln zerschlagen und staubbedeckt brechen wir wieder auf, um auf die richtige Straße zu kommen. So ist es schon später Nachmittag, als wir anfangen, aus der Serra hinunterzufahren. Ich habe noch Gelegenheit, die ersten Kilometer Urwald zu sehen, die Undurchdringlichkeit dieses Pflanzenmeers, und mir die Einsamkeit inmitten dieser unerforschten Welt auszumalen, dann bricht die Nacht herein, während wir in den Wald eindringen. Stundenlang fahren und schlingern wir auf einer schmalen Straße zwischen hohen Mauern aus Bäumen inmitten eines weichen und süßlichen Geruchs. In der Tiefe des Waldes schwirren hier und da Leuchtkäfer, leuchtende Fliegen, und Vögel mit roten Augen flattern flüchtig vor der Windschutzscheibe. Davon abgesehen sind die Reglosigkeit und Stummheit dieser furchteinflößenden Welt vollkommen, obwohl Andrade von Zeit zu Zeit versichert, eine *onza*[25] zu hören. Die Straße windet und schlängelt sich und überquert kleine Flüsse auf wackligen Bohlenbrücken. Dann beginnen der Nebel und ein feiner Regen, der das Licht unserer Scheinwerfer auflöst. Wir fahren nicht mehr, sondern kriechen buchstäblich. Es ist beinahe 7 Uhr abends, wir sind seit 10 Uhr morgens unterwegs, und unsere Müdigkeit ist so groß, daß wir die von Auguste Comte erwähnte Möglichkeit einer Benzinpanne schicksalergeben aufnehmen. Indessen lichtet der Wald sich ein wenig – und allmählich verändert sich die Landschaft. Wir kommen schließlich in freies Land und erreichen ein kleines Dorf, wo wir von einem großen Strom aufgehalten werden. Lichtsignale am anderen Ufer, und dann sehen wir eine große, von Mulatten mit Strohhüten bediente Fähre auf uns zukommen, das älteste System, das man sich denken kann: eine mit Stangen vorwärts bewegte Fähre[26]. Wir schiffen uns ein, und die Fähre gleitet langsam über den Rio Ribeira. Der Strom ist breit und fließt sanft dem Meer und der Nacht entgegen. An beiden Ufern ein noch immer dichter Wald. Am weichen Himmel dunstige Sterne. Alle an Bord schweigen. Die vollkommene Stille dieser Stunde wird nur durch das Plätschern des Wassers an den Flanken der Fähre gebrochen. Ich stehe vorn auf diesem Floß und betrachte den hinabfließenden Strom und diese Szenerie, die so fremd und doch so vertraut ist. An beiden Ufern ertönen seltsame Vogelschreie und der Ruf der Riesenkröten. In ebendiesem Augenblick ist es Mitternacht in Paris.

Wir verlassen die Fähre. Dann kriechen wir weiter Registro entgegen, einer richtigen japanischen Hauptstadt mitten in Brasilien[27], wo ich einen Blick auf Häuser mit zierlichem Schmuck und sogar auf einen Kimono erhasche. Man teilt uns mit, daß Iguape nur noch sechzig Kilometer entfernt ist.

Wir machen uns wieder auf den Weg. Ein feuchter Hauch, ein unaufhörliches Nieseln kündet uns an, daß das Meer nicht mehr fern ist. Die Straße selbst ist jetzt aus Sand – noch schwieriger und gefährlicher als bis dahin.

Um Mitternacht kommen wir endlich nach Iguape. Unter Abzug der Aufenthalte haben wir für die dreihundert Kilometer, die uns von São Paulo trennen, zehn Stunden gebraucht.

Im Hotel sind alle Türen verschlossen. Ein Notabler, dem wir in der Nacht begegnen, führt uns zum Bürgermeister (der hier Präfekt genannt wird). Der Bürgermeister teilt uns durch die Tür hindurch mit, daß wir im Krankenhaus schlafen sollen. Also fahren wir zum Krankenhaus. Trotz der Erschöpfung kommt die Stadt mir mit ihren Kirchen im Kolonialstil, dem ganz nahen Wald, den niederen und kahlen Häusern und der sanften, feuchten Luft schön vor. Andrade behauptet, daß man das Meer hört. Aber es ist weit weg. Im Krankenhaus «Glückliche Erinnerung» (so heißt es) werden wir von dem liebenswürdigen Notablen in einen kleinen, nicht mehr benutzten Pavillon geführt, der auf hundert Schritt nach frischer Farbe riecht[28]. Man bedeutet mir, daß er tatsächlich uns zu Ehren frisch gestrichen worden ist. Aber es gibt kein Licht, weil das Elektrizitätswerk der Gegend um 11 Uhr Schluß macht. Im Schein der Feuerzeuge erkennen wir indessen sechs reinliche, einfache Betten. Es ist unser Schlafsaal. Wir stellen unser Gepäck ab. Und der Notable will uns im Club ein Sandwich zu essen geben. Erschöpft begeben wir uns zum Club[29]. Es ist eine Art Bistro im zweiten Stock, wo wir anderen Honoratioren begegnen, die uns mit Aufmerksamkeiten überhäufen. Ich beobachte erneut die ausgesuchte brasilianische Höflichkeit, die vielleicht ein bißchen zu förmlich ist, aber auf jeden Fall besser als die europäische Grobheit: Sandwich und Bier. Aber ein langer Lulatsch, der nicht mehr ganz sicher auf den Beinen ist, kommt auf die ausgefallene Idee, meinen Paß zu verlangen. Ich zeige ihn ihm, und er scheint mir zu sagen, daß er nicht in Ordnung ist. Ich bin so müde, daß ich ihn zum Teufel schicke. Die entrüsteten Honoratioren halten eine Art Rat und sagen mir schließlich, daß man diesen Polizisten (denn er ist einer) ins Gefängnis stecken wird und daß ich zu entscheiden habe, was für einen Prozeß ich ihm machen will. Ich bitte inständig, ihn auf freiem Fuß zu lassen. Man erklärt mir, daß dieser ungehobelte Kerl die so überaus große Ehre nicht zu schätzen gewußt hat, die ich Iguape erweise, und daß dieser Mangel an Lebensart bestraft werden muß. Ich protestiere. Aber man besteht darauf, mich auf diese Weise zu ehren. Und so geht die Geschichte weiter bis zum nächsten Abend, als ich endlich das Rezept finde und bitte, man möge mir den ganz persönlichen und außerordentlichen Gefallen erweisen, diesem Luftikus zu vergeben. Man bewundert meine Ritterlichkeit und verspricht mir, daß alles so geschehen soll, wie ich es wünsche[30].

In der Nacht jedenfalls, in der sich das Drama ereignet, treten wir reich mit Liebenswürdigkeiten bedacht den Rückweg ins Krankenhaus an und begegnen auf halbem Weg dem Bürgermeister, der aufgestanden ist, um uns persönlich zu unserem Nachtlager zu geleiten. Er hat auch das Personal des Kraftwerks geweckt, und wir haben Licht. Man umsorgt uns, bringt uns mehr oder weniger zu Bett, und so versuchen wir schließlich um 1 Uhr halb tot vor Müdigkeit alle im Chor zu schlafen. Ich sage versuchen, denn mein Bett ist ein wenig schief, und meine Nachbarn wälzen sich viel, und Auguste Comte schnarcht wie wild. Endlich falle ich in einen traumlosen Schlaf, spät.

6. August

Sehr früh aufgewacht. Leider kein Wasser in diesem Krankenhaus. Ich rasiere mich mit Mineralwasser, das ich auch für eine Katzenwäsche benutze. Dann erscheinen die Honoratioren und führen uns in das Hauptgebäude zum Frühstück. Schließlich besichtigen wir Iguape.

In dem geheimnisvollen und lieblichen kleinen Brunnen-Park[31] mit den Blütentrauben zwischen den Bananenpalmen und den Pandanen fühle ich mich wieder ein wenig gelöster und ruhiger. Mestizen, Mulatten und die ersten Gauchos, die ich zu Gesicht bekomme, warten geduldig am Eingang einer Grotte, um Stücke des treibenden Steins zu erhalten. Iguape ist nämlich die Stadt des lieben Herrn Jesus, dessen Bildnis von Fischern auf den Fluten gefunden und dann in dieser Grotte gewaschen wurde. Seitdem treibt hier unablässig ein Stein, von dem äußerst segensreiche Splitter abgeschlagen werden. Die zwischen Wald und Strom gelegene Stadt selbst schart sich um die große Kirche des lieben Herrn Jesus. Ein paar hundert Häuser, aber alle im gleichen Stil, niedrig, verputzt, farbig. Im leisen Regen, der die holperigen Straßen aufgeweicht, wirkt Iguape mit seiner bunten Menge von Gauchos, Japanern, Indios, Mestizen und eleganten Honoratioren ein wenig wie ein Stich aus der Kolonialzeit. Hier atmet man eine Schwermut von ganz besonderer Art, die Schwermut der entlegensten Enden der Welt. Abgesehen von der heroischen Straße, über die wir hergekommen sind, ist Iguape nur durch zwei Flugzeuge in der Woche mit der übrigen Welt verbunden. Hier kann man sich zur Ruhe setzen.

Den ganzen Tag über behandeln unsere Gastgeber uns mit der gleichen liebenswürdigen Zuvorkommenheit. Aber wir sind wegen der Prozession gekommen. Vom frühen Nachmittag an beginnen allenthalben die Petarden zu knallen und jagen die auf den Dachfirsten hockenden kahlen Urubus auf. Die Menge schwillt an. Es gibt darunter Pilger aus dem Landesinneren, die seit fünf Tagen auf den ausgefahrenen Straßen unterwegs sind. Einer dieser Pilger, der wie ein Assyrer aussieht und einen schönen schwarzen Stutzbart trägt, erzählt uns, daß er von dem lieben Herrn Jesus nach einer Nacht und einem Tag in den tobenden Fluten aus einem Schiffbruch errettet worden ist, und gelobt hat, während der Prozession einen sechzig

Kilo schweren Stein auf seinem Kopf zu tragen[32]. Aber der Augenblick naht heran. Aus der Kirche kommen die Büßer in schwarzen Chorhemden, dann die anderen, die weiße Chorhemden tragen, dann als Engel verkleidete Kinder, dann so etwas wie Marienkinder, dann das Bildnis des lieben Herrn Jesus selbst, und hinter ihm schreitet mit nacktem Oberkörper der Mann mit dem Bart, der eine riesige Steinplatte auf dem Kopf trägt. Und schließlich kommt die Kapelle, die pasos dobles spielt, und die Menge der Pilger, die allein letzten Endes Interesse verdienen, da alles übrige eher schmutzig und gewöhnlich ist. Aber diese Menge, die durch eine schmale Straße zieht und sie zum Bersten füllt, ist wahrhaftig das merkwürdigste Sammelsurium, das man finden kann. Die Lebensalter, die Rassen, die Farben der Kleider, die Klassen, die Gebrechen, alles ist in einer schwankenden und bunten Masse vermengt, in der da und dort Kerzen wie Sterne aufblitzen, über denen unablässig die Petarden knallen und auch von Zeit zu Zeit ein Flugzeug kreist, das in dieser alterslosen Welt befremdend wirkt. Es ist zur Feier des Tages mobilisiert worden und fliegt in regelmäßigen Abständen brummend über die eleganten Honoratioren und den lieben Herrn Jesus hinweg. Wir begeben uns an einen anderen strategischen Punkt, um die Prozession zu erwarten, und als sie wieder an uns vorbeizieht, scheint der Mann mit dem Bart vor Erschöpfung verkrampft, und seine Beine zittern. Er wird indessen heil ankommen. Die Glokken läuten, die Geschäfte und die Wohnhäuser, die vor der vorbeiziehenden Prozession Fenster und Türen verschlossen hatten, öffnen sich wieder – und wir gehen zum Abendessen.

Nach der Mahlzeit singen die Gauchinos auf dem Platz, und alle Leute scharen sich im Kreis um sie. Die Petarden knallen weiter, und einem Kind wird dabei ein Finger weggerissen. Der Kleine heult und schreit, während man ihn wegbringt: «Warum hat der liebe Herr Jesus mir das angetan?» (Dieser aus tiefster Seele kommende Schrei wird mir übersetzt.)

Wir gehen früh zu Bett, denn am nächsten Morgen müssen wir früh wegfahren. Aber die Petarden und auch das markerschütternde Niesen Auguste Comtes hindern mich noch lange am Einschlafen.

7. August

Die gleiche Straße, nur daß wir diesmal den vorgestrigen Umweg vermeiden und drei Ströme überqueren. Kolibris gesehen. Und wieder betrachte ich stundenlang diese einförmige Natur und diese unermeßlich weiten Räume, von denen sich nicht sagen läßt, sie seien schön, die aber mit beharrlicher Aufdringlichkeit das Gemüt in ihren Bann ziehen. Ein Land, wo alle Jahreszeiten miteinander verschmelzen, wo die Vegetation so unentwirrbar ist, daß sie gestaltlos wird, wo auch die Rassen sich so sehr vermischt haben, daß die Seele darüber ihre Grenzen verloren hat. Ein dumpfes Plätschern, das graugrüne Licht der Wälder, der Firnis des roten Staubs, der alles überzieht, das Zerschmelzen der Zeit, die Langsamkeit des ländlichen Lebens, die jähe und unsinnige Hektik der Großstädte – es ist das Land der Gleichgültigkeit und der Wallungen des Bluts. Da kann der Wolkenkratzer sich noch so sehr bemühen, er hat den Geist des Urwalds, die Unermeßlichkeit, die Melancholie noch nicht besiegt. Die Sambas sind es, die echten, die am besten ausdrücken, was ich meine.

Die letzten fünfzig Kilometer sind indessen die anstrengendsten. Auguste Comte fährt vorsichtig und läßt sich überholen. Aber jedes Auto wirbelt eine solche Menge roten Staub auf, daß die Scheinwerfer diesen Mineralnebel nicht mehr zu durchdringen vermögen und der Wagen manchmal anhalten muß. Wir wissen nicht mehr, wo wir sind, und ich fühle, wie erstickender Schmutz meinen

Mund und meine Nasenlöcher verklebt. Ich begrüße mit Erleichterung São Paulo, das Hotel, ein heißes Bad.

8. August

Beim Gedanken an all die Längen- und Breitengrade, die ich noch hinter mich bringen muß, wird mir übel. Trüber und unruhiger Tag (ich schreibe dies im Flugzeug, das mich nach Fort Alesa bringt). Um 11 Uhr Besuch brasilianischer Philosophen, die kommen, um mich um einige «Erklärungen» zu bitten. Mittagessen bei einem jungen französischen Lehrerehepaar. Reizende Leute. Dann Besuch in der Alliance Française. Spaziergang mit Madame P. durch die Straßen von São Paulo, wo ich auf ein Photo von mir stoße, das mich bescheiden werden läßt. Cocktail bei Valeur. Abendessen bei Sylvestre. Vortrag. Der Saal ist wieder überfüllt, und viele Leute müssen stehen. Eine reizende Französin bringt mir *Gauloises*. Nach dem Vortrag werde ich in ein Theater geführt, um eine brasilianische Sängerin zu hören. Dann Champagner bei Andrade. Zerschlagen kehre ich ins Hotel zurück, des menschlichen Gesichts überdrüssig.

9. August

Abreise nach Porto Alegre, überschwenglich verabschiedet von den Andrades, von den Sylvestres etc. Mittagessen im Flugzeug. Zum erstenmal ein kleiner Erstikkungsanfall. Aber niemand merkt etwas. In Porto Alegre empfängt mich eine schneidende Kälte. Vier oder fünf durchfrorene Franzosen erwarten mich am Flughafen. Sie teilen mir mit, daß ich am gleichen Abend einen Vortrag halten soll, was nicht unseren Abmachungen entspricht. Kapotes[33] gesehen – Das Licht ist sehr schön. Die Stadt häßlich. Trotz ihrer fünf Flüsse. Diese Inseln der Zivilisation sind oft scheußlich. Am Abend Vortrag. Es werden Leute zurückgewiesen. Die Presse bauscht die Sache auf. Aber mich belustigt das eher. Mir ist daran gelegen, wieder abzureisen und Schluß zu machen, endgültig Schluß. Man entdeckt, daß ich kein Visum für Chile habe. Ich muß die Reise in Montevideo unterbrechen, telegraphieren etc.

10. August

Spaziergang durch die Stadt. Um 14 Uhr das Flugzeug, in dem ich diese und die vorhergehenden Zeilen schreibe. Schreckliche Traurigkeit und das Gefühl der Vereinsamung. Meine Post hat mich nicht erreicht, und ich entferne mich von ihr.

Der Empfang der französischen Amtspersonen in Montevideo ermangelt der Wärme. Die Daten meiner Vorträge sind offenbar mehrmals geändert worden. Aber daran bin nicht ich schuld. Man hat sogar versäumt, mir ein Zimmer zu reservieren. Ich lande demoralisiert in einer Art Rumpelkammer – wo ich mich trotz allem wohler fühle als in Gesellschaft meiner erzwungenen Gastgeber. Ich kann lange nicht einschlafen, meine Gedanken drehen sich im Kreis, und ich konzentriere meine Willenskraft, um nicht innerlich schlappzumachen, ehe meine Reise zu Ende ist.

Gezwungen, mir einzugestehen, daß ich zum erstenmal in meinem Leben in eine richtige psychische Krise geraten bin. Dieses hart erkämpfte Gleichgewicht, das bisher allen Belastungen standgehalten hat, ist all meinen Anstrengungen zum Trotz zusammengebrochen. In mir fluten graugrüne Wasser, in denen sich verschwommene Formen bewegen, in denen meine Tatkraft sich auflöst. Diese Depression ist in gewisser Hinsicht die Hölle. Wenn die Leute, die mich hier empfangen, merkten, wie sehr ich mich anstrenge, normal zu erscheinen, würden sie sich wenigstens anstrengen, einmal zu lächeln.

11. August

Ich bin früh aufgestanden und habe Briefe geschrieben. Dann gehe ich aus, da ich nach wie vor nichts von meinen natürlichen Beschützern gehört habe, um an diesem schönen, eiskalten Tag Montevideo zu besichtigen. Die Spitze der Stadt badet in den gelben Gewässern des Rio de la Plata. Montevideo, eine luftige, regelmäßige Stadt, ist von einem Kranz von Stränden und einem am Meer entlangführenden Boulevard umsäumt, die mir schön vorkommen. Diese Stadt atmet eine gewisse Ungezwungenheit und erweckt den Eindruck, daß es sich hier leichter leben ließe als in den anderen, die ich bis jetzt gesehen habe. Mimosen in den Villenvierteln und Palmen erinnern an Menton. Ich fühle mich auch erleichtert, weil ich in einem spanisch sprechenden Land bin. Ich kehre in mein Zimmer zurück. Meine natürlichen Beschützer werden munter. Ich soll am Abend mit dem Schiff auf dem Rio de la Plata nach Buenos Aires fahren. Mittagessen beim Attaché. Quai d'Orsay und blumige Floskeln. Er ist im übrigen ein lieber Junge. Am Abend verläßt das Schiff Montevideo. Ich betrachte wieder den Mond über den schlammigen Wassern. Aber mein Herz ist dürrer, als es auf der *Campana* war.

12. August

Am Morgen Buenos Aires. Ein ungeheurer Haufen von Häusern, der näherrückt. W. R. erwartet mich. Wir besprechen das Problem der Vorträge. Ich beharre auf meinem Standpunkt und füge hinzu, daß mein Vortrag, falls ich ihn halte, zum Teil der Redefreiheit gewidmet sein wird. Da er überdies die Möglichkeit erwähnt, daß die Zensur meinen Text vorher zu lesen verlangen könnte, mache ich ihn darauf aufmerksam, daß ich mich rundweg weigern würde. Er ist deshalb der Meinung, es sei besser, keinen zweiten Skandal zu riskieren[34]. Der Botschafter ist ebenfalls dieser Ansicht. Rundfahrt durch die Stadt – die von seltener Häßlichkeit ist. Nachmittag mit verschiedenen Leuten. Schließlich lande ich bei V. O.[35] Ein großes, angenehmes Haus wie in *Vom Winde verweht*. Großer und alter Luxus. Ich habe Lust, mich hier hinzulegen und bis zum Ende der Tage zu schlafen. Ich schlafe tatsächlich ein.

13. August

Eine gute Nacht. Beim Erwachen sehe ich, daß der Tag neblig ist und kalt. V. schickt mir Briefe aus ihrem Zimmer. Dann die Zeitungen. Die peronistische Presse hat meine Erklärungen von gestern nachmittag totgeschwiegen oder verwässert. Mittagessen mit dem Leiter der *Prensa* (Opposition), Versuche der Polizei usw. Am Nachmittag vierzig Leute. Anschließend Abendessen mit V., und wir unterhalten uns bis Mitternacht. Sie legt für mich Brittens *Rape of Lucretia* und Baudelaire-Gedichte auf, wunderbare Aufnahmen. Seit meiner Abreise der erste Abend wirklicher Entspannung. Ich sollte bis zum Tag meiner Rückkehr hierbleiben – um diesem unaufhörlichen Kampf zu entgehen, der meine Kräfte verzehrt. Es gibt einen wenn auch vorläufigen Frieden in diesem Haus.

14. August

Um 9 Uhr keine Nachricht von dem Flugzeug, das mich nach Chile bringen soll. Um 12 Uhr wird angerufen. Den Tag damit verbracht, bei V. auf die Abreise zu warten. Rafael Alberti ist da, zusammen mit seiner Frau. Sympathisch. Ich weiß, daß er Kommunist ist. Schließlich erkläre ich ihm meinen Standpunkt. Und er pflichtet mir bei. Aber die Verleumdung wird ein übriges tun und mich eines Tages von diesem Mann trennen, der ein Kamerad ist und bleiben sollte. Was tun? Wir leben im Zeitalter der Trennung. Endlich startet das Flugzeug, im Sonnenuntergang. Wir überfliegen die Anden in der Nacht – und ich sehe nichts davon –, das ist das Symbol dieser Reise. Ich kann nur in der Dunkelheit ein paar schneebedeckte Kämme wahrnehmen. Aber bevor es völlig Nacht geworden ist, habe ich doch noch die unermeßliche und einförmige Pampa sehen können, die nirgends zu enden scheint. Das Flugzeug senkt sich blitzschnell unter einem samtenen Himmel auf Santiago hinab. Zu unseren Füßen ein Wald blinkender Sterne. Einschmeichelnde Anmut dieser in der Nacht am Rand der Ozeane hingebreiteten Städte.

15. August

Am Pazifik mit Charvet und Fron. Ch. erklärt mir den Einfluß der Erdbeben auf das Verhalten der Chilenen. Fünfhundert Stöße im Jahr, darunter mehrere von katastrophalem Ausmaß. Das erzeugt eine labile Psyche. Der Chilene ist ein Spieler, er gibt alles aus, was er hat, und treibt Politik, ohne an morgen zu denken.

Wir fahren im Wagen: der Pazifische Ozean mit den langen, anrollenden weißen Wogen. Santiago, eingezwängt zwischen den Fluten und den Anden – Die grellen Farben (die Stiefmütterchen sind rot wie Mennige), die blühenden Pflaumen- und Mandelbäume heben sich vor dem weißen Hintergrund der verschneiten Gipfel ab – ein wunderbares Land.

Am Nachmittag: Frondienst. Um 6 Uhr ein öffentliches Gespräch, bei dem ich gut in Form bin. Abendessen bei Charvet, wo ich zutiefst deprimiert bin. Vor lauter Müdigkeit trinke ich zuviel und gehe spät ins Bett. Verlorene Zeit.

16. August

Ein infernalischer Tag. Rundfunk, Besichtigung. Mittagessen bei Vincent Anidobres Sohn in einem kleinen Haus am Fuß der Anden. Gespräch mit den hiesigen Theaterleuten. Um 19 Uhr Vortrag in einem Saal, in dem ein anstrengendes Gedränge herrscht. Abendessen in der Botschaft, öde wie die Sintflut. Nur der Botschafter ist lustig; er hat gestern die Jacke ausgezogen und getanzt.

17. August

Ein Tag der Unruhen und des Aufruhrs. Schon gestern war es zu Kundgebungen gekommen. Aber heute sind sie wie ein Erdbeben. Der Grund ist eine Verteuerung der «Micros» (der Omnibusse von Santiago). Man stürzt die Busse um und zündet sie an. Man schlägt die Scheiben der vorüberfahrenden Busse ein. Am Nachmittag wird mir mitgeteilt, daß die Universität nach einer Kundgebung der Studenten geschlossen worden ist – und daß mein Vortrag dort nicht stattfinden kann. Innerhalb von zwei Stunden arrangieren die französischen Dienststellen einen Vortrag im Institut Français. Als ich nachher herauskomme, haben die Geschäfte ihre Rolläden heruntergelassen, und die behelmten und bewaffneten Soldaten halten buchstäblich die ganze Stadt besetzt. Manchmal schießen sie blind. Es ist der Belagerungszustand. In der Nacht höre ich vereinzelte Schüsse.

18. August

Flugzeug verspätet, bis zum Abend. Die Anden sind verhangen. Ich schlafe hier schlecht oder wenig – und ich bin müde. Charvets holen mich um 11 Uhr ab, und ich schlafe im Stehen, so schlecht war die vergangene Nacht. Aber ihre Liebenswürdigkeit ist kein bißchen lästig, und wir fahren durch das chilenische Land. Die Mimosen und die Trauerweiden. Eine schöne, kräftige Natur. Mittags Halt zu einem ausgezeichneten Essen an einem Kaminfeuer. Dann schlagen wir eine Abzweigung zu den Anden ein und halten an, um in einem Berghotel noch einmal an einem schönen Feuer etwas zu uns zu nehmen. Ich fühle mich wohl in Chile und könnte unter anderen Verhältnissen eine Zeitlang hier leben. Bei der Rückkehr erfahren wir, daß das Flugzeug erst am nächsten Morgen fliegt. Es regnet in Strömen. Abendessen bei Charvets. Um Mitternacht ins Bett. Im Hotel finde ich Abschiedsgeschenke. Ich kann lange nicht einschlafen.

19. August

Um 4 Uhr 30 ruft die Luftverkehrsgesellschaft mich ans Telephon. Ich muß um 6 Uhr auf dem Flugplatz sein. Um 7 Uhr startet das Flugzeug. Aber nachdem es einen Durchgang gesucht zu haben scheint, dreht es nach Süden und wählt nach einem Umweg von 200 km eine andere Passage. Die Anden, gewaltige zerklüftete Reliefs, zerreißen Berge von Wolken – aber der Schnee blendet mich. Wir schaukeln und schlingern ununterbrochen, und zu allem Überfluß habe ich einen Erstickungsanfall. Es gelingt mir mit knapper Not, das Schlimmste zu vermeiden – und ich stelle mich schlafend.

Wir kommen erst mittags in Buenos Aires an. In diesem Augenblick werde ich vom Schlafmangel überwältigt. V. O.[35] ist gekommen, um mich abzuholen, aber niemand von der Botschaft, und man hat mir keine Flugkarte nach Montevideo besorgt, wo ich doch um 18 Uhr 30 sprechen soll. Mit V.s Hilfe fahren wir eilends nach Buenos Aires und dann zum Flughafen der Wasserflugzeuge. Es ist kein Platz mehr zu haben. V. telephoniert mit einem Freund. Alles kommt in Ordnung. Ich fliege um Viertel vor fünf bei stark bewölktem, gelb über den gelben Wassern hängendem Himmel ab. Um Viertel vor sechs Montevideo. Die Botschaft hat jemanden geschickt, um mir mitzuteilen, daß man es vorgezogen hat, meinen Vortrag abzusagen und mich in die französische Schule zu bringen. Dort sagt mir der Direktor, daß es Leute gibt, die dennoch gekommen sind, und daß er nicht weiß, was er machen soll. Ich schlage eine Diskussion vor, obwohl ich völlig erledigt bin. Sie sind einverstanden und hängen mir meine beiden Vorträge für den folgenden Tag auf, einen um 11 Uhr, den anderen um 6. Diskussion. Und ich gehe trunken vor Müdigkeit schlafen.

20. August

Ein tödlicher Tag. Um 10 Uhr Journalisten und A.; um 11 Uhr der erste Vortrag in der Aula der Universität. Mitten während des Vortrags betritt eine komische Gestalt den Saal. Ein Cape, Stutzbart, finsterer Blick. Er bleibt ganz hinten stehen, schlägt ostentativ eine Zeitschrift auf und liest sie. Von Zeit zu Zeit hustet er dröhnend. Er wenigstens bringt Leben in den Hörsaal. Ein Weilchen mit José

Bergamín[36], schlank, mit ausgeprägten Zügen und dem verbrauchten Gesicht des spanischen Intellektuellen. Er weigert sich, zwischen Katholizismus und Kommunismus zu wählen, solange der spanische Bürgerkrieg nicht zu Ende ist. Ein Hypotoniker, dessen ganze Tatkraft geistig ist. Ich liebe Menschen von diesem Schlag.

Bergamín: Meine größte Versuchung ist der Selbstmord. Und zwar der aufsehenerregende Selbstmord. (Nach Spanien zurückkehren auf die Gefahr hin, ungerecht abgeurteilt zu werden, durchhalten und sterben.)

Mittagessen mit sehr netten französischen Lehrerehepaaren. Um 4 Uhr Pressekonferenz. Um 5 Uhr treffe ich den Leiter des Theaters, das *Caligula* aufführen wird. Er will das Stück mit Ballettszenen spicken. Eine richtige internationale Seuche. Um 6 Uhr nehmen Mademoiselle Lussitch und die reizende Kulturattachée von Uruguay mich im Wagen mit auf eine kurze Spazierfahrt durch die Gärten vor den Toren der Stadt. Der Abend ist mild, flüchtig mit einem Hauch Zärtlichkeit. Es ist ein zugängliches und schönes Land. Ich komme ein wenig zur Ruhe. Um 6 Uhr 30 zweiter Vortrag. Der Botschafter hat sich verpflichtet gefühlt, mit seiner Ehehälfte zu erscheinen. In der vordersten Reihe befinden sich die finsteren Gesichter der Langeweile und der Vulgarität. Nach dem Vortrag gehe ich mit Bergamín spazieren. Wir landen in einem überfüllten Café. Er zweifelt an der Wirksamkeit seines Tuns. Ich sage ihm, daß das kompromißlose Beharren auf einer Weigerung eine positive Handlung ist, deren Folgen ebenfalls positiv sind. – Dann Abendessen bei Suzannah Soca. Eine Menge Damen der Gesellschaft, die nach dem dritten Whisky jede Hemmung verlieren. Einige bieten sich regelrecht an. Aber sie haben nichts, was einem schmeicheln könnte. Eine Französin bringt es fertig, in meinem Beisein Franco zu rechtfertigen. Müde wie ich bin, reagiere ich heftig – und sehe ein, daß es besser ist, wenn ich mich zurückziehe. Ich schlage der Kulturattachée vor, ein Glas mit mir zu trinken, und wir verdrücken uns. Dieses hübsche Gesicht hilft einem wenigstens zu leben. Die Nacht liegt sanft über Montevideo. Ein reiner Himmel, das Rascheln der dürren Palmen über der Plaza de la Constitución, auffliegende Taubenschwärme, weiß in schwarzem Himmel. Es wäre eine unbeschwerte Stunde, und die Einsamkeit, in der ich mich befinde – seit achtzehn Tagen ohne Nachrichten, ohne Zuversicht –, könnte ein wenig geringer werden. Aber das reizende Wesen beginnt mitten auf dem Platz selbstgedichtete französische Verse zu deklamieren, die sie in tragischer Art mit ausgebreiteten Armen und sich hebender und senkender Stimme mimt. Ich fasse mich in Geduld. Dann gehen wir und trinken ein Glas, und ich bringe sie nach Hause. Ich gehe zu Bett und werde erneut von einer Beklemmung und einer Schwermut heimgesucht, die mich am Schlafen hindern.

21. August

Um 8 Uhr auf den Beinen. Ich habe drei oder vier Stunden geschlafen. Aber das Flugzeug hebt um 11 Uhr ab. Unter einem weichen, luftigen, wolkigen Himmel entrollt Montevideo seine Strände – eine bezaubernde Stadt, wo alles das Glück zu verheißen scheint – das geistlose Glück. Wie stumpfsinnig sind diese Reisen im Flugzeug – ein barbarisches und rückschrittliches Verkehrsmittel. Um 5 Uhr überfliegen wir Rio, und beim Aussteigen werde ich von der kompakten und feuchten Luft mit ihrer an Watte erinnernden Konsistenz empfangen, die ich vergessen hatte und die für Rio kennzeichnend ist. Gleichzeitig die kreischenden und bunten Papageien und ein Pfau mit einer schrillen Stimme. Nur eben noch fähig, ins Bett zu sinken, übrigens ohne Nachrichten, da mich in der Botschaft keinerlei Post erwartet.

22. August

Man bringt mir meine Post, sie hat achtzehn Tage lang in irgendeinem Büro gelegen. Erschöpft, ich verlasse den ganzen Tag nicht mein Zimmer. Am Abend Vortrag und anschließend ein Glas bei Madame Mineur. Mit Fieber ins Bett.

23. August

Beim Aufstehen fühle ich mich ein bißchen besser. Meine Abreise rückt näher. Sie ist für Donnerstag oder Samstag vorgesehen. Ich denke an Paris wie an ein Kloster. Mittagessen in Copacabana, am Meer. Die Wogen sind hoch und geschmeidig. Es beruhigt mich ein wenig, sie anzuschauen. Nach Hause. Ich schlafe ein Weilchen. Um 5 Uhr öffentliche Diskussion mit den brasilianischen Studenten. Ist es die Müdigkeit? Ich habe nie eine solche Leichtigkeit empfunden. Abendessen bei Claveries mit Madame R., einer bezaubernden Frau, aber unbedeutend, wie mir scheint.

24. August

Beim Aufstehen fühle ich mich noch ein bißchen besser. Die Abreise ist jetzt auf Samstag festgelegt. Vormittags Besuche, und die Müdigkeit kehrt zurück. Und zwar so stark, daß ich beschließe, nicht zu Mittag zu essen. Um 13 Uhr 30 holen Pedrosa und seine Frau mich ab, wir wollen uns in einem Vorort in einem Krankenhaus mit modernen Linien und altem Schmutz Bilder von Geisteskranken ansehen. Das Herz schnürt sich zusammen, wenn man diese Gesichter hinter den großen Gitterstäben der Fenster sieht. Zwei interessante Maler. Die anderen besitzen ohne Zweifel genug, um unsere fortschrittlichen Geister in Paris in Begeisterung zu versetzen. Aber tatsächlich ist es Häßlichkeit. Besonders fällt das bei den Skulpturen auf, die häßlich und vulgär sind. Ich bin zu Tode erschrocken, als ich in einem jungen Psychiater der Anstalt den jungen Mann wiedererkenne, der mir ganz zu Anfang die dümmste Frage gestellt hat, die mir in ganz Südamerika gestellt worden ist. Er entscheidet über das Los dieser Unglücklichen. Im übrigen ist er selbst sehr angeschlagen. Aber ein noch größerer Schrecken überfällt mich, als er mir mitteilt, daß er am Samstag mit mir nach Paris fliegen wird; 36 Stunden in einer Metallkabine mit ihm eingeschlossen sein, das ist die schlimmste Prüfung.

Abendessen bei Pedrosa in Gesellschaft von intelligenten Menschen. Bei meiner Rückkehr regnet es in Strömen.

25. August

Grippe. Dieses Klima bekommt mir ganz eindeutig nicht. Am Vormittag arbeite ich ein bißchen, dann gehe ich in den Zoologischen Garten, um das Faultier zu sehen.

Aber das Faultier läuft frei herum, und man muß es in den tausend und aber tausend Bäumen des Parks suchen. Ich gebe es auf. Wenigstens die prächtigen *onzas* – die abscheulichen Echsen und der Ameisenbär. Mittagessen mit Letarget in Copacabana. Rio ist von einem unaufhörlichen Regen verschleiert, der die Löcher in den Straßen und Gehsteigen füllt und den ganzen falschen Firnis auflöst, mit dem man die Stadt zu überziehen versucht hat. Die alte Kolonialstadt kommt wieder zum Vorschein, und ich muß sagen, daß sie so sehr viel anziehender ist, mit ihrem Kot, ihrem Stampfen, ihrem dunstigen Himmel. Am Nachmittag Einkäufe. Alles, was ich in diesem Land finde, kommt anderswoher. Abends um 5 Uhr bei Mendès. Wieder eine Unmenge Leute, unter denen ich mich langweile, ohne die Kraft zu haben, es zu verbergen. Ich halte eine größere Gesellschaft rein physisch nicht mehr aus. Beim Abendessen das gleiche Lied, da wir sieben sind, während ich nur Pedrosa und Barleto vorzufinden glaubte, und alle reden durcheinander, fallen sich ins Wort, und dazu schreien sie aus vollem Hals. Mit meiner Grippe wird die Prüfung zur Höllenqual. Ich möchte nach Hause gehen, getraue mich jedoch nicht, das Zeichen zu geben. Um 1 Uhr merkt Madame Pedrosa, daß ich mich nicht mehr aufrecht halten kann, und ich gehe zu Bett.

26. und 27. August

Zwei furchtbare Tage, während deren ich mich mit meiner Grippe an verschiedene Orte zu verschiedenen Leuten schleppe, unempfänglich für das, was ich sehe, ausschließlich darauf bedacht, wieder zu Kräften zu kommen, während ich von Menschen umgeben bin, die in ihrer Freundschaft oder Hysterie nichts von dem Zustand, in dem ich mich befinde, wahrnehmen und ihn so noch ein wenig verschlimmern. Abendgesellschaft beim Konsul, wo ich Bemerkungen über die Notwendigkeit der körperlichen Züchtigungen in unseren Kolonialarmeen zu hören bekomme.

Samstag 16 Uhr. Man teilt mir mit, daß das Flugzeug eine Motorpanne hatte und erst morgen, Sonntag, fliegen wird. Das Fieber nimmt zu, und ich frage mich allmählich, ob es sich nicht um etwas anderes handelt als um eine Grippe.

31. August

Krank. Mindestens eine Bronchitis. Man ruft an, daß wir heute nachmittag abfliegen. Es ist ein strahlender Tag. Arzt. Penicillin. Die Reise endet in einem metallenen Sarg, zwischen einem verrückten Arzt und einem Diplomaten, mit Ziel Paris.

ANMERKUNGEN

Vereinigte Staaten

1 Camus unternimmt die Reise als Journalist.

2 Als «lorette» bezeichnete man zu Beginn des 19. Jahrhunderts eine elegante, leichtfertige junge Frau. (Anm. d. Übers.)

3 Hafenstadt in Saudi-Arabien, wo die ausländischen diplomatischen Missionen ihren Sitz haben.

4 Später stellt sich heraus, daß die vom *Combat* vertretenen Positionen der Anlaß dieser Verdächtigung waren.

5 Italienischer Schriftsteller und Kritiker, ein Freund Albert Camus'.

6 O'Brien hat mehrere Werke von Camus ins Amerikanische übersetzt.

7 Amerikanischer Verleger.

8 Amerikanischer Verleger, der Albert Camus' Hauptverleger in den Vereinigten Staaten werden sollte.

9 Lionel Abel, Schriftsteller und Journalist, der den von Camus in Harvard gehaltenen Vortrag übersetzte.

10 Antoine de Saint-Exupéry (1900–1944), französischer Flieger und Schriftsteller. (Anm. d. Ubers.)

11 Victory Day: der 8. 5. 1945, Ende des Krieges in Europa.

12 Waldo David Frank, 1889 geboren, amerikanischer Schriftsteller, der längere Zeit in Mexiko und Südamerika lebte; hat lange mit Camus in Briefwechsel gestanden.

13 Albert Pinkham Ryder (1847–1917), amerikanischer Maler, von dem zahlreiche Bilder im Metropolitan Museum in New York ausgestellt sind.

14 Pedro Figari (1861–1938), uruguayischer Maler, Freund von Pierre Bonnard.

15 Elevated railroad: Hochbahn.

16 Gebirgsgruppe im Norden des Staates New York.
17 Hier klingt bereits das Thema von *Der Mensch in der Revolte* an.
18 Auf diese Nichtübereinstimmung mit dem modernen Existentialismus stößt man auch in *La lettre au directeur de la Nef* (Pléiade, I, p. 1745, Januar 1946).
19 Echos dieses Gedankens finden sich in dem Theaterstück *Der Belagerungszustand.*
20 Ein junger Amerikaner, der Camus mit der größten Diskretion seine Wohnung zur freien Verfügung anbot.
21 Vgl. «Das Meer» (in *Literarische Essays*, Hamburg 1959): «In New York geschah es mir, daß ich, verloren in diesen Schächten aus Stein und Stahl, wo Millionen Menschen herumirrten, von einem zum anderen rannte, ohne Ziel, erschöpft, nur noch von der Menschenmasse getragen, die einen Ausgang suchte.»
22 *Pluies de New York*, in *Formes et Couleurs,* 1947 (Pléiade, II, p. 1829).
23 Camus wird in dem Roman *Die Pest* Tarrous Vater diesen Zug verleihen (vgl. *Die Pest*, rororo Nr. 15, S. 161).
24 Dieses Thema wurde in *Ni Victimes ni Bourreaux* (Pléiade, II, p. 332ff) wiederaufgenommen.

Südamerika

1 Diesen Namen hatte Camus seinem Wagen gegeben.
2 Vgl. «Das Meer» (in *Literarische Essays*, Hamburg 1959): «Von Zeit zu Zeit kläffen die Wellen gegen den Vordersteven; bitterer und öliger Schaum, Speichel der Götter, fließt die Planke entlang ins Wasser zurück, wo er in Zeichnungen, die vergehen und wiederkommen, zerstiebt wie das Fell einer blauen und weißen Kuh, welche müde noch lange in unserem Kielwasser treibt.»
3 Vgl. «Das Meer», *op. cit.*: «Endlich im Zenit, strahlt er eine leuchtende Straße auf das Meer, einen reichen Fluß aus Milch, der mit der Bewegung des Schiffes auf uns niederströmt, unversiegbar im dunklen Ozean.»
4 Vgl. «Das Meer», *op. cit.*: «Den ganzen Morgen schlagen

unsere Segel über einem fröhlichen Fischteich. Die Wasser sind schwer, schuppig, von frischem Schleim bedeckt.»

5 Vgl. «Das Meer», *op. cit.*: «Eine Stunde der Hitze, und das große, weißliche Wellblech des farblosen Wassers beginnt zu zischen. Es zischt, dampft und entzündet sich endlich. Im nächsten Augenblick wird es sich umwälzen und der Sonne seine feuchte Seite darbieten, die noch in den Wellen und den Dunkelheiten geborgen ist.»

6 Zweifellos eine Erinnerung des Autors an seine Reise nach Mallorca im Sommer 1935, vermischt mit der Erinnerung an die nationalistische Unterdrückung auf Mallorca, die von Bernanos in *Die großen Friedhöfe unter dem Mond* angeprangert wurde.

7 Sie wurde von Auguste Comte geliebt, der ihr hier 1844 begegnete.

8 Vgl. «Der treibende Stein» in Das *Exil und das Reich* (Hamburg 1958). Die Szene mit der Macumba setzt sich aus drei Tagebuchfragmenten zusammen.

9 Vgl. «Der treibende Stein», *op. cit.*, S. 176.

10 *Op. cit.*, S. 176.

11 Op. cit., S. 178.

12 *Op. cit.*, S. 178–179. Der ganze Absatz wurde weitgehend verwendet.

13 *Op. cit.*, S. 179. Allerdings handelt es sich dort um eine Schwarze.

14 Französischer Historiker (1878–1956).

15 Hier taucht wieder die Obsession des Kalten Krieges, der die beiden Blöcke spaltet, und der Möglichkeit eines ausgleichenden Denkens auf.

16 Bucht im Staate Bahia.

17 Ungefähres Zitat aus *Actuelles I* (*Fragen der Zeit*, Reinbek rororo 22195).

18 B.: wahrscheinlich Belcourt, ein Vorort von Algier.

19 Dieser Candomble kommt in «Der treibende Stein» vor, wo er auf die Macumba aufgepfropft wird; *op. cit.*, S. 181.

20 Camus hatte 1944 eine Einführung zu Chamfort veröffentlicht, vgl. Pléiade, II, p. 1099.

21 Minas Gerais, Staat in Mittelbrasilien.

22 Dieser Besuch wird im *Diario de São Paulo* vom 6. August 1949 erwähnt.
23 Iguape ist der Schauplatz der Erzählung «Der treibende Stein».
24 Kleine schwarze Geier, die im tropischen Amerika häufig vorkommen.
25 Eine Raubkatze, die dem Gepard und dem Panther ähnelt.
26 Vgl. ‹Der treibende Stein›, *op. cit.*, S. 150–151.
27 Vgl. «Der treibende Stein», *op. cit.*, S. 155.
28 Vgl. «Der treibende Stein›, *op. cit.*, S. 156.
29 Vgl. «Der treibende Stein», *op. cit.*, S. 160.
30 Diese ganze Episode wurde in «Der treibende Stein» aufgenommen, *op. cit.*, S. 160 und 174.
31 Vgl. «Der treibende Stein», *op. cit.*, S. 165–166.
32 Es ist der Schiffskoch. Der folgende Text wurde in «Der treibende Stein» aufgenommen, *op. cit.*, S. 170 und 188 ff.
33 Eventuell Kapok?
34 Vgl. S. 78 f (20. Juli).
35 Victoria Ocampo (1893–1979), argentinische Schriftstellerin, gründete die literarische Zeitschrift *Sur.*
36 José Bergamín (1895–1983), spanischer Philosoph und Essayist.

Albert Camus

Die Verleihung des Nobelpreises für Literatur 1957 war eine Sensation: Mit 44 Jahren erhielt **Albert Camus** diese höchste literarische Auszeichnung. Als Franzose in Algerien geboren, engagierte er sich für die Rechte der Algerier, als Chefredakteur des «Combat» gehörte Camus zur Résistance gegen die Nazis. Seine Werke waren von einer Hoffnung bestimmt, die sich der Maßlosigkeit der Macht ebenso entgegenstellte wie der Zerstörung der Welt. Am 4. Januar 1960 kam Albert Camus bei einem Autounfall ums Leben.
Aus Anlaß der Neuübersetzung von Camus' Hauptwerk **Die Pest** und der Taschenbuchausgabe seines Spätwerks **Der erste Mensch** wurden alle Titel bei rororo neu aufgelegt und mit neuen Umschlägen versehen.

Der erste Mensch
Deutsch von Uli Aumüller
384 Seiten. Gebunden und als rororo 13273

Der Fall *Roman*
(rororo 22191)

Der Fremde *Roman*
(rororo 22189)

Der glückliche Tod *Roman*
(rororo 22196)

Tagebücher 1935 – 1951
(rororo 22194)

Tagebuch 1951 – 1959
(rororo 22199)

Reisetagebücher
(rororo 22197)

3212/5

rororo Literatur

Der Mythos von Sisyphos *Ein Versuch über das Absurde*
(rororo 22198)

Kleine Prosa
(rororo 22190)

Der Mensch in der Revolte
Essays
(rororo 22193)

Verteidigung der Freiheit
Politische Essays
(rororo 22192)

Fragen der Zeit *Essays, Briefe, Reden*
(rororo 22195)

Die Pest *Roman*
Neu übersetzt von
Uli Aumüller
353 Seiten. Gebunden

Unter dem Zeichen der Freiheit
Camus-Lesebuch
Herausgegeben von
Horst Wernicke
(rororo 22200)

Albert Camus dargestellt von Brigitte Sändig
(rowohlts bildmonographien 50544)

Klaus Mann

Klaus Mann, 1906 in München als ältester Sohn von Thomas und Katia Mann geboren, schrieb schon als Schüler Gedichte und Novellen. 1924 ging er als Theaterkritiker nach Berlin und lebte dort als exzentrischer Bohemien, der aus seiner Homosexualität nie einen Hehl machte. Während sein Vater mit pedantischer Disziplin Weltliteratur verfaßte, reiste Klaus Mann ruhelos durch die Welt. 1933 emigrierte er vor den Nazis. Im Exil schrieb er den Roman *Mephisto*, dessen Hauptfigur, der Schauspieler Höfgen, für Klaus Mann zum Symbol eines «durchaus komödiantischen, zutiefst unwahren, unwirklichen Regimes» wurde. Am 21. Mai 1949 starb Klaus Mann in Cannes an einer Überdosis Schlaftabletten.

Alexander *Roman der Utopie*
(rororo 5141)

Flucht in den Norden *Roman*
(rororo 4858)

Der fromme Tanz *Das Abenteuerbuch einer Jugend*
(rororo 5674)

Maskenscherz *Die frühen Erzählungen*
(rororo 12745)

Der siebente Engel *Die Theaterstücke*
(rororo 12594)

Speed *Die Erzählungen aus dem Exil*
(rororo 12746)

rororo Literatur

Mephisto *Roman einer Karriere*
(rororo 4821)

Symphonie Pathétique *Ein Tschaikowsky-Roman*
(rororo 4844)

Treffpunkt im Unendlichen *Roman*
(rororo 4878)

Der Vulkan *Roman unter Emigranten*
(rororo 4842)

Kind dieser Zeit
(rororo 4996)

Der Wendepunkt *Ein Lebensbericht*
(rororo 5325)